SÉRIE GESTÃO PÚBLICA

EDITORA intersaberes

insustentabilidade urbana • Carlos Domingos Nigro

Av. Vicente Machado, 317 - 14º andar - Centro
Curitiba - Paraná - Brasil - CEP 80420-010
Fone: (41) 2103-7306
www.editoraintersaberes.com.br
editora@editoraintersaberes.com.br

conselho editorial •	Dr. Ivo José Both, (presidente)
	Dr.ª Elena Godoy
	Dr. Nelson Luís Dias
	Dr. Ulf G. Baranow
editor-chefe •	Lindsay Azambuja
editor-assistente •	Ariadne Nunes Wenger
editor de arte •	Raphael Bernadelli
análise de informação •	Adriane Ianzen
copidesque e revisão de texto •	Sandra Regina Klippel
capa •	Denis Kaio Tanaami
fotografias e projeto gráfico •	Raphael Bernadelli
diagramação •	Rafaelle Moraes

Dados Internacionais de Catalogação na Publicação (CIP)
(Câmara Brasileira do Livro, SP, Brasil)

Nigro, Carlos Domingos
　(In) sustentabilidade urbana / Carlos Domingos Nigro. – Curitiba: InterSaberes, 2012. (Série Gestão Pública).

　Bibliografia.
　ISBN 978-85-8212-135-1

　1. Análise de risco 2. Cidades 3. Desenvolvimento sustentável 4. Favelas 5. Favelas – Aspectos sociais 6. Habitação – Aspectos ambientais 7. Meio ambiente 8. Planejamento regional 9. Planejamento urbano 10. Política urbana 11. Sociologia urbana I. Título II. Série.

12-07962　　　　　　　　　　　　　　CDD - 711.4

　　　　　Índices para catálogo sistemático:
　　1. Gestão da sustentabilidade urbana: Cidades:
　　　　Planejamento urbano e regional 7111.4

1ª edição, 2012.
Foi feito o depósito legal.
Informamos que é de inteira responsabilidade do autor a emissão de conceitos.
Nenhuma parte desta publicação poderá ser reproduzida por qualquer meio ou forma sem a prévia autorização da Editora InterSaberes.
A violação dos direitos autorais é crime estabelecido na Lei nº 9.610/1998 e punido pelo art. 184 do Código Penal.

Sumário

Dedicatória, ix
Agradecimentos, xi
Prefácio, xv
Introdução, xix

capítulo um   A percepção das cidades segundo um aproche sistêmico, 25

capítulo dois   Premissa conjuntural, 39

capítulo três   Desenvolvimento: oportunidades ou riscos?, 51

capítulo quatro   Insustentabilidade urbana: processos de favelização, 67

capítulo cinco   A gestão preventiva, 83

capítulo seis   Urbanismo heterodoxo: resposta à gestão unidimensional da insustentabilidade urbana, 99

Considerações finais, 120
Posfácio, 124
Referências, 130
Anexo, 133

Dedicatória

Pela razão e objetividade, bem como pela emoção e arte herdados, dedico esta obra à integridade e dignidade dos meus pais e dos meus antepassados.

Ao meu pai, Domingos Nigro, engenheiro civil "sanitarista", paranaense de Antonina, que dedicou sua vida profissional ao Estado de São Paulo, no DOS, na Fesb e na Cetesb, sempre pela defesa da causa socioambiental, possibilitando-me exercer desde cedo, na prática, os princípios da sustentabilidade, a partir de sua visão de estadista.

À minha mãe paulistana, Elida Benatti Nigro, que com sua poesia e seu espírito ímpar, semelhante ao do seu pai, Ado Benatti – o "Zé do Mato", grande compositor, poeta, declamador e radialista "caipira", sabe retratar o que ainda é, de fato, este Brasil, nas suas raízes, na sua verdade.

Agradecimentos

Agradeço aos que permitiram uma aproximação, confiaram, e que, direta e indiretamente, possibilitaram-me praticar a sustentabilidade existencial.

Esta obra deve-se ao convite que recebi do jornalista, advogado, vereador e coordenador do curso de Gestão de Serviços Públicos da Fatec – professor Jorge Luiz Bernardi. Sendo que para a realização da mesma foi fundamental a contribuição e o apoio do coordenador adjunto desse curso, professor José Bernardoni Filho, e de toda equipe e estrutura da Editora InterSaberes.

Meu muito obrigado a essas pessoas que se dedicam à sustentabilidade humana!

*A complexidade é uma
palavra-problema e não
uma palavra-solução.*

Edgar Morin

Prefácio

O professor e arquiteto Carlos Nigro trata, nesta obra, da sustentabilidade urbana a partir da ótica do ambiente construído degradado em sua essência, a favela.

Aliás, pode-se afirmar que o processo de favelização, que atinge em maior ou menor grau, não apenas os grandes centros urbanos, mas também cidades de pequeno e médio porte, é um dos males da urbanização desordenada que ocorreu em nosso país, acentuando-se a partir de meados do século passado.

A favela representa a antiurbanização, o oposto daquilo que pregam os urbanistas, utópicos ou não, já que em si traz todas as mazelas da vida urbana e demonstra a falência da sociedade capitalista em seu propósito de assegurar aos moradores da cidade aquilo que é um direito fundamental: a habitação com dignidade.

Na conceituação do Prof. Nigro, a favela, por ser um tumor no tecido urbano, pode ser diagnosticada ainda no seu início, evitando-se assim que o mal se alastre. Ele apresenta, baseado nos compromissos firmados na *Agenda 21*, estabelecida pela ONU, na Eco 92, no Rio de Janeiro, uma recorrência à estrutura de 108 indicadores para avaliar se o desenvolvimento está sendo sustentável ou não.

Aparentemente esta obra apresenta um olhar pessimista sobre a sustentabilidade urbana, uma vez que o objeto primordial do estudo é a favela, onde o problema é mais grave. Porém aprofundando o estudo, acompanhando a análise feita pelo autor, observa-se que esta parte de uma situação real, concreta para apresentar soluções para esse grave problema que afeta as cidades, onde a questão da estética urbana é secundária em relação aos problemas sociais e ambientais que afetam toda a comunidade.

A sustentabilidade abrange todos os aspectos da vida urbana, o que significa que, no indicador "poluição", certamente os países mais ricos são os que mais agridem o planeta já que utilizam maiores quantidades de recursos naturais.

A concentração da riqueza, o privilégio de poucos, condena milhões de cidadãos a viverem em espaços degradados, sem habitação digna, sem saneamento, sem áreas de lazer, sem segurança, saúde e educação, onde a vida humana enfrenta as maiores dificuldades para continuar existindo. O modelo de injustiça social faz com que alguns usufruam da maioria dos benefícios proporcionados pelo desenvolvimento da sociedade e uma grande maioria, marginalizada, viva apenas das migalhas que caem da mesa dos privilegiados. O antigo samba resume tudo: "uns com tantos, outros tantos com algum, mas a maioria sem nenhum".

Esta obra é um desafio, já que chama para a reflexão sobre uma situação concreta que o gestor público se depara a cada instante. É a realidade que se sobrepõe a teoria e que traz consequências a todo o ambiente urbano. A sustentabilidade urbana pode ser entendida como a manutenção não apenas do equilíbrio ambiental, mas também social e cultural, através de uma base econômica que proporcione uma vida digna em todos os aspectos aos habitantes e usuários da cidade.

O homem reflete a civilização que por sua vez é fruto do meio ambiente em que ele vive. Preservar é a ordem imperativa e fundamental, nestes tempos em que a humanidade tem consciência de que o planeta está mudando para pior, e o aquecimento global começa a afetar a vida de todos. O perigo maior fica para as futuras gerações, já que a ação humana está colocando em risco a preservação da espécie e da própria vida em si. Proporcionar um meio ambiente saudável é obrigação e tarefa de todos: cidadãos e autoridades.

Para que a cidade seja um ambiente sadio, onde efetivamente os direitos fundamentais se materializem, Nigro apresenta dois caminhos: o primeiro onde o problema ainda não se agravou, as pequenas e médias cidades – "prevenir e planejar"; e outro, onde o "mal" já está instalado que é "remediar e corrigir". Se num caso diz respeito ao futuro, no outro, o presente é o futuro que se quer evitar.

Jorge Bernardi*

---

* Mestre em Gestão Urbana, advogado, jornalista, vereador de Curitiba e coordenador do curso de Gestão Pública da Fatec-Internacional.

Introdução

O tema prioritário desta obra é a sustentabilidade urbana, vista sob a ótica do processo de favelização.

O propósito é gestionar a cidade na sua totalidade mensurável, contemplando os fatores determinantes de tal processo – as forças contrárias ao desenvolvimento social, ambiental e econômico – e analisando-os em forma de risco, visando a possibilidade de controle e da prevenção desses fatores.

O tema sustentabilidade urbana será tratado por este livro através de uma abordagem teórica, contextualizada segundo uma perspectiva sistêmica do ambiente urbano. A análise conjuntural dos fatos correlacionados terá como conclusão a necessidade de um suporte instrumental: a proposição de um possível caminho para a gestão da sustentabilidade urbana por meio de um mecanismo analítico conceitual, cujo aprimoramento é dependente de uma estruturação científica multidisciplinar e aprofundada.

A fundamentação teórica que estrutura a construção desta obra e o conteúdo programático a ser exposto baseia-se, principalmente, em três eixos temáticos, que são: o ambiente urbano sob o enfoque sistêmico; a sustentabilidade das suas dimensões variáveis analíticas; e a proposição de possíveis caminhos para a gestão da sustentabilidade urbana.

Coube a esta obra cumprir o papel de instrumento polemizador e motivador de questionamentos, ao mesmo tempo em que são criadas alternativas de saídas que viabilizem a sustentabilidade urbana. A importância de debatermos o presente tema justifica-se pela necessidade de refletirmos acerca do assunto e de participarmos da conscientização coletiva pela aplicação prática desse processo na área ambiental urbana.

O sentido principal desta obra está na condição de fazer algumas indagações, entre elas: como o conceito de sustentabilidade urbana é considerado pelos produtos-meio que culminam no conjunto de leis (produtos-fim) que regem um plano diretor municipal? como se dá a percepção, a análise e o tratamento das dimensões variáveis envolvidas, para que possam ser compreendidas como elementos que compõem um todo orgânico inter-relacionado, como o é uma cidade? seria uma cidade compreendida no isolamento das partes que a compõem (no olhar descontextualizado das suas dimensões ambientais, ou das suas dimensões socioeconômicas, ou das suas dimensões socioespaciais, ou da sua infraestrutura e dos seus serviços públicos, ou dos seus aspectos institucionais) ou na sua totalidade sistêmica (considerando os limites administrativos municipais ou o próprio perímetro urbano), e na consciência da existência das infinitas possibilidades (oportunidades e riscos) de trocas pelas "portas abertas" dos limites não físicos?

Cabe, aqui, destacarmos os princípios orientadores do conceito de desenvolvimento sustentável aplicado a área urbana determinados pelo compromisso firmado internacionalmente, denominado *Agenda 21*, com seus desdobramentos nacionais e locais. Esses compromissos, ou áreas de programas, num total de 108, uma vez sistematizados, exigem aplicação e monitoramento para que um município mantenha a sua sustentabilidade urbana, deixando de ser uma intenção meramente política para favorecer a vida ambiental, econômica e social com dignidade, respeito e sabedoria.

A lógica identificada por esta obra está na conscientização de que o meio urbano possui uma dinâmica de relações socioeconômicas que considera todas as variáveis existentes no meio e é formadora de uma rede que extrapola os limites da gestão formal, regida por leis. É impossível termos controle de todas essas variáveis, porém é necessário termos o conhecimento da existência delas e conscientizarmo-nos da situação de fragilidade e vulnerabilidade que o três setores (o Estado, a Sociedade Civil Organizada e o Mercado) constantemente se encontram frente a situações de desequilíbrio socioeconômico que se materializam no espaço, como em forma de favelas, degradando o ambiente natural.

O desafio, aqui enfocado, está na percepção dos processos inter-relacionados existentes no meio urbano. Isso a partir da proposta de um conceito prático de sustentabilidade urbana na condição de uma rede complexa que evidencia os usos e os costumes a favor dos interesses públicos materializados pelo espaço arquitetado, isto é, aquele espaço projetado para condições favoráveis ao cumprimento da função, do conforto e também do bem-estar estético.

Neste livro esses processos inter-relacionados são localizados na existência das favelas. Um questionamento pertinente é: morar em favelas é um desejo de autoexclusão ou é uma opção frente ao descompasso das variáveis (sociais, econômicas, culturais e políticas) que interferem no meio urbano?

O que observamos é que o homem, ao optar por viver nas cidades, é o agente modificador dos aspectos naturais do sistema ambiental, desequilibrando-o e destruindo-o. Ao analisarmos esse aspecto negativo, percebemos que diversos assentamentos surgiram e cresceram de forma desordenada. As áreas em que se encontram, não sendo de interesse mercadológico e nem protegidas ambientalmente, acabaram por não ser regulamentadas pelos órgãos competentes, pois as legislações vigentes (urbana e/ou ambiental), conflitantes, deixaram de ser aplicadas nessas áreas. Alia-se a essa realidade o fato de que sendo os habitantes dessas áreas, em sua grande maioria, desprovidos de diversos recursos e despreparados pelas próprias condições sociais e econômicas em que vivem, isso faz com que esse grupo populacional agrave a situação e contribua para a degradação ambiental urbana. Nesse sentido, mudanças nas leis estão por vir para que seja possível legitimar e tentar corrigir essas distorções, ao mesmo tempo em que soluções e práticas marcam a cultura deste grupo auto-organizado.

Frente a essa situação, percorremos o texto com uma reflexão fundamental:

❖ ❖ ❖

> quais estratégias de gestão multissetorial municipal podem ser adotadas para resolver esses desequilíbrios na sua raiz, prevenindo-os e não apenas procurando resolvê-los após a existência dos problemas decorrentes?

❖ ❖ ❖

Esta obra tem, portanto, como objetivo, não só provocar a reflexão do leitor sobre o seu posicionamento frente às tomadas de decisões políticas que afetam o seu dia a dia, mas, também, oferecer subsídios conceituais para uma reflexão sobre a insustentabilidade urbana e, principalmente, possibilidades para a percepção das origens dos fatos, em grande parte ocultos, que caracterizam as relações socioambientais degenerativas e, consequentemente, poder subsidiar o seu posicionamento sobre uma questão essencial, ou seja, a condição de sua existência e cidadania. Isso porque considerando as diversas demandas necessárias para o desenvolvimento de um município, que não estão isoladas e que compõem um todo sistêmico, e considerando a incapacidade de suporte institucional para o atendimento e gestão dessas demandas (caso contrário não existiriam tantos problemas), torna-se urgente a equalização e harmonização das relações entre o Estado, o Mercado e a Sociedade Civil, com o objetivo de iniciar um choque de ética e uma reforma política para o combate da desestruturação social, ambiental e econômica, que imprime o atual modelo de gestão urbana, testemunhado pela existência das favelas e do seu universo.

Devemos, portanto, ressaltar que o universo das favelas, como símbolo dos processos negativos de urbanização* excludente (sem generalizar ou incluir as vítimas dessa condição), sob o olhar desta obra, sintetiza a antítese do conceito de sustentabilidade urbana.

Temática esta que foi o foco de estudo da dissertação de mestrado *Análise de Risco de Favelização: Instrumento de Gestão do Desenvolvimento Local Sustentável*, também de nossa autoria. Como toda obra científica nunca termina, no atual estágio passa a ser incrementada, com o aprofundamento de outros conceitos científicos aqui citados e referenciados, e com a expectativa de proporcionar motivações para a sua continuidade através do seu olhar de leitor e, principalmente, do seu olhar de cidadão.

◆ ◆ ◆

* Urbanização engloba uma amplitude de significados isto é, corresponde a um "processo de criação ou de desenvolvimento de organismos urbanos segundo os princípios do urbanismo; conjunto dos trabalhos necessários para dotar uma área de infraestrutura (p. ex., de transporte, de educação, de saúde); fenômeno caracterizado pela concentração cada vez mais densa de população em aglomerações de caráter urbano." (Ferreira, 1999).

Sem ter, todavia, a pretensão de encerrar esse assunto, o presente livro apenas lança a problemática e abre inúmeros caminhos de pesquisa de um universo a ser descoberto. Universo esse que, se não olhado ao mesmo tempo e para o mesmo lugar relacionando-o com o todo, sob a perspectiva das várias áreas científicas que abordam e circulam pelo urbano, corre o risco de virar um organismo indecifrável, caso perca a capacidade de se auto-organizar ou caso a auto-organização seja desassistida pelo Estado, pelo Mercado e pela Sociedade Civil Organizada.

Esperamos, ainda, que a leitura deste livro, as pesquisas e a percepção dos conceitos e das relações descritas, por diferentes ângulos, permitam a você despertar e redescobrir um posicionamento pessoal diante da realidade existente e da vontade de querer desenvolvê-la ao encontro de um equilíbrio. O ponto de partida é como se olhar frente a um espelho plano que não distorce: posicionar-se frente ao autoconhecimento pessoal e social, o que permite condições de direcionar ou administrar a sustentabilidade urbana de forma não distorcida.

A heterodoxia desta proposta de urbanismo deve-se a sua abertura a todas as possibilidades, sendo, portanto, contrária aos princípios científicos cristalizados, que uma vez rompidos, criam uma nova ordem a ser (re)descoberta.

capítulo um

A percepção das cidades segundo um aproche sistêmico

O aproche sistêmico é o

método que adotamos para

o entendimento do tema

aqui abordado.

Torna-se necessário destacar e aprofundar alguns referenciais conceituais e teóricos, voltados para a temática-objeto desta obra, que explicam esse método sem pretender esgotá-los, sendo que a causalidade complexa* é o princípio para o entendimento do que aqui colocamos em discussão, representado pela constante e infinita busca de um estado de equilíbrio pelo homem, seja vivendo individualmente ou em grupo.

É através da história emprestada de Boff (1997) que iniciamos esse aproche, com a intenção de lançar, frente ao tema deste livro, uma metáfora da condição humana: a águia e a galinha, símbolos de padrões de comportamento existentes no inconsciente coletivo, sacramentos da busca do homem por integração e por equilíbrio dinâmico.

♦ ♦ ♦

Um filhote de águia passa a ser criado dentro dos estreitos limites de um galinheiro. Seu criador imagina que o havia transformado em galinha, pois ele acreditava que havia mudado até o seu coração. No entanto, quando a pequena águia foi retirada do convívio junto às galinhas e encaminhada para longe desse meio imposto, reconheceu-se frente à claridade solar e ao vasto horizonte à sua frente. Estimulada, voou soberana, digna da sua própria natureza.

♦ ♦ ♦

"Dimensão galinha" e "dimensão águia", como retrata Boff (1997), são trazidas para esta obra e focalizadas como "sistema fechado" e "sistema aberto", porque expressam a complexidade de uma mesma e única realidade, pois nada está isolado. Ainda segundo o autor, as entidades complexas são, portanto, muito mais do que a soma de suas

♦ ♦ ♦

* *Complexo* "é tudo aquilo que vem constituído pela articulação de muitas partes e pelo inter-retro-relacionamento de todos os seus elementos, dando origem a um sistema dinâmico sempre aberto a novas sínteses". (Boff, 1997).

partes mais simples, pelo sentido de coexistência e de interexistência com todos os outros seres universais.

A percepção dos processos de integração entre as partes deixa de existir quando apenas focamos uma delas, compartimentada, isolada. A águia e a galinha, a realidade e a utopia, jamais estão dissociadas, pois são as sínteses de um equilíbrio dinâmico de interação e de múltiplas relações.

Já Morin (2006) define "complexidade" como sendo um tecido, constituído de partes heterogêneas inseparavelmente associadas, que se apresenta com os traços de um emaranhado, da desordem, da incerteza. A totalidade implica no reconhecimento de um princípio de incompletude e dessa incerteza.

Pela grande quantidade de interações e de interferências entre um número muito grande de unidades variáveis, a "complexidade" é um fenômeno quantitativo, mas também compreende incertezas, indeterminações, fenômenos aleatórios, mantendo uma relação com o acaso, o que também a torna um fenômeno qualitativo. Seu problema teórico encontra-se na imprecisão, na ambiguidade, na contradição, na ausência de horizontes e fronteiras fixas, na incapacidade de ter certeza de tudo. Não há nenhuma receita de equilíbrio (Morin, 2006).

Não nos é possível, portanto, compreender nenhuma realidade de modo unidimensional. Existe uma relação maior que a do conhecimento simples, que não percebe que o todo é maior que a soma das partes que o constituem, que não conhece as propriedades do conjunto. Morin (2006) utiliza o exemplo de uma tapeçaria, que é mais que a soma das tramas de fios que a constituem. Os fios são suas estruturas, isolados nada dizem, mas relacionados cumprem sua função, objeto de intenção: fazer de um tapete objeto de estética e de uso direcionado (função e conforto).

Concordar com Morin é condição para entender a proposição desta obra, uma vez que esse exemplo é emblemático para o escopo deste livro, pois, por analogia, os conceitos da causalidade complexa podem ser percebidos numa cidade.

Sendo assim, uma cidade é mais que a soma dos subsistemas que a constituem, como o ambiental, o socioeconômico, o socioespacial, o de infraestrutura e o de serviços públicos, além dos aspectos institucionais. As qualidades e as características dos componentes dos subsistemas não se revelam na sua plenitude, estão organizadas em função de um processo onde cada parte contribui para o conjunto. Portanto, um sistema, nesse caso uma cidade, não pode ser explicado por nenhuma lei simples, ou seja, por nenhum dos subsistemas isolados.

Quanto mais complexo, mais é diverso, mais há interações, mais há acasos. A mais alta complexidade desemboca na desintegração, ou seja, os sistemas de alta complexidade, que tendem a desintegrar-se, só podem lutar contra a desintegração através da sua autocapacidade de gerir meios combativos aos diversos problemas criados ao longo do processo de urbanização.

É novamente Boff (1997, p. 100) que nos oferece subsídios para adentrarmos neste universo conceitual na tentativa de melhor entendermos como funciona esse processo, sob a perspectiva da visão sistêmica das cidades, pois, para ele, "Sistema significa um conjunto articulado de inter-retro-relacionamentos entre partes constituindo um todo orgânico. Ele é mais do que as próprias partes, um sistema dinâmico sempre buscando seu equilíbrio e se autorregulando permanentemente".

A sociedade, portanto, é produzida pelas interações dos indivíduos que a constituem. Como um todo organizado e organizador, retroage para produzir os indivíduos pela educação, pela linguagem, pela escola.

Os indivíduos, em suas interações, produzem a sociedade, que produz os indivíduos que a produzem. Daí podemos dizer que é um sistema fechado, uma vez que "constitui uma realidade consistente, com sua relativa autonomia, dotado de uma lógica interna pela qual se auto-organiza e se autorregula. É a vigência da dimensão-galinha" (Boff, 1997, p. 100). Aquela a que nos referimos quando do exemplo citado no início deste aproche. Todavia, ainda, relacionado àquela metáfora, podemos dizer, de acordo com Boff (1997, p. 100), que o sistema também é aberto

> porque se dimensiona para fora. Constituindo uma teia de interdependência com outros e com o meio circundante. Dando e recebendo. Trocando informações no seio de uma imensa solidariedade ecológica, terrenal e cósmica. Tudo está ligado a tudo. É a presença da dimensão-águia.

Logo, a visão de um sistema integrado é a visão do sistema funcional, o que implica na compreensão das interdependências de seus subsistemas e da sua inter-relação com os ambientes com os quais interage, em forma de rede.

Assim, o que percebemos é que o padrão de organização, isto é, da configuração de relações características de um sistema em particular é a chave para o entendimento e compreensão do fenômeno da auto--organização, cujos componentes estão arranjados em forma de rede que se estende em todas as direções. Portanto, a não linearidade é uma de suas propriedades, juntamente com a realimentação e com a sua capacidade de se auto-organizar. "As redes vivas criam ou recriam a si mesmas continuamente mediante a transformação ou a substituição dos seus componentes" (Capra, 2002, p. 27). E é justamente esse mecanismo que, ainda segundo o autor, é o responsável pelo processo contínuo de mudanças. Ou seja, "Dessa maneira, sofrem mudanças estruturais contínuas, ao mesmo tempo que preservam seus padrões de organização, que sempre se assemelham a teias", finaliza Capra (2002, p. 27), pois o "padrão em rede" é comum a todas as formas de vida.

Denominado de auto-organização (*emergence*), Johnson (2003) enxerga esse padrão como o fenômeno do surgimento espontâneo que gera novas formas e é uma propriedade fundamental de todos os sistemas vivos e abertos, que se desenvolvem e evoluem, em forma de rede.

O autor, portanto, chama de "emergência" o movimento que cria regras de um nível mais a baixo para um nível mais ao alto, ou seja, os sistemas que se apropriam dos conhecimentos a partir de baixo (*bottom-up*), adaptando-se a eles. Como exemplo, na sociedade humana, os moradores das favelas interagem entre si e criam as próprias regras de convívio social: usos e costumes independentes das regras impostas pelas leis.

As favelas podem ser consideradas sistemas complexos, pois múltiplos agentes interagem dinamicamente de diversas formas, seguindo regras locais, e não percebem qualquer instrução de nível mais alto. Emergem de uma forma coerente e são adaptativos, pois as regras locais são usadas entre os agentes interativos de um determinado ecossistema para criar um comportamento de nível mais alto, apropriado para o ambiente. Os agentes que residem em uma determinada escala produzem comportamentos que residem em uma escala acima deles, por exemplo, nas cidades, cidadãos criam comunidades. É o caso das favelas, onde cidadãos com um mesmo padrão de vida agrupam-se e assentam um determinado aglomerado.

Observamos ainda a partir do texto de Johnson (2003) que os sistemas complexos emergentes têm função e possuem uma qualidade distintiva de ficarem mais inteligentes com o tempo e de reagirem às necessidades específicas e mutantes do seu ambiente. São dinâmicos, pois formam padrões no tempo e no espaço. Sistemas emergentes ou de auto-organização podem, portanto, ser criados e construídos com conhecimento consciente, planejados para explorar as leis determinantes de sua complexidade. Ainda segundo o autor, os princípios da emergência percebidos nos sistemas são: a interação entre vizinhos (seres que vivem nesse sistema); o reconhecimento dos padrões entre os vizinhos; o *feedback* (há troca de conhecimento); o controle indireto (não existem poderes controladores). Assim esses espaços se autoconstroem como uma cidade que cresce ao acaso, com um formato urbano não planejado, com vida própria e sem imposições de cima (Johnson, 2003).

É esse processo que justifica, de acordo com Johnson (2003), definirmos que a cidade é complexa porque surpreende (cria estruturas emergenciais) e porque tem uma estrutura coerente que a personaliza e que se auto-organiza a partir de milhões de decisões individuais, ou seja, uma ordem global construída a partir de interações locais.

O interessante é observarmos que padrões de comportamentos maiores podem emergir desse conjunto de decisões locais descoordenadas. No cenário urbano, esses padrões são visíveis porque têm uma estrutura repetitiva que os formam e os distinguem. São frutos de tomada de decisão e de movimento humano, e duram por vidas inteiras, materializados em forma de aglomerações, de bairros, de favelas...

Considerando o que vimos, podemos perceber que uma cidade, portanto, não é um sistema simples, pois possui vários tipos de problemas, com duas, três ou "n" variáveis, que permitem entender esses problemas de complexidade desorganizada, pois os múltiplos agentes estão inter-relacionados, porém não permitem entender as partes individuais, ou seja, os próprios agentes.

A questão está na busca de soluções dos problemas de complexidade organizada, quando os agentes seguem regras específicas e, através de suas interações, criam um distinto comportamento, arrumando-se de forma específica ou, com o tempo, formando um padrão novo e específico. Envolvem a manipulação simultânea de um determinado número de fatores que se inter-relacionam, formando um todo orgânico (Johnson, 2003).

Sendo assim, podemos afirmar que uma cidade é uma entidade maior do que a soma de seus habitantes, capaz de adaptar-se a mudanças e combater suas dificuldades.

Isso é um fato, pois a cidade se auto-organiza a partir da informalidade e da improvisação das ações cotidianas e públicas de estranhos, sendo que as ruas são os canais condutores primários do fluxo de informações entre os habitantes. Nesse cenário, o mundo percebido limita-se ao nível da rua e, portanto, não há uma visão do todo, porém permite interações locais para criar uma ordem global, uma vez que as ruas se intercomunicam entre si formando um complexo viário*, isto é, um conjunto de caminhos para as informações.

O *feedback*** que acontece nos processos de auto-organização de cada cidade nos revela o segredo do que ocorre no planejamento descentralizado, pois o que observamos é que ele permite que haja um ajuste de comportamento a uma determinada situação em função das reações obtidas especificamente naquele espaço territorial. Assim, as forças *top-dow* (de cima para baixo), como leis de zoneamento, comissões de planejamento, conselhos de desenvolvimento municipal, conferências das cidades, entre outras, definem o modelo atual de planejamento e da gestão participativa das cidades, embora não se possa negar que forças *bottow-up* (de baixo para cima) desempenham um papel fundamental nas suas formações, criando comunidades distintas e grupos demográficos não planejados, como o caso das favelas.

Vale destacar que comunidades são estruturas policêntricas, nascidas de milhares de interações locais, formas em gestação dentro da forma maior que é a cidade, estruturando padrões espaciais no transcorrer de períodos temporais, sem que isso tenha existido pela vontade de um planejador específico ou de uma autoridade local. Essas comunidades surgem como resultado de um consenso por identidade, pela vontade comum aqueles residentes de lhe pertencerem. Portanto, o que fica claro é que na sociedade humana, as estruturas são criadas em vista de determinada "intenção", de acordo com uma forma predeterminada, e constituem a corporificação de um determinado significado, seja no movimento de forças *top-dow*, seja no movimento de forças *bottow-up*.

❖ ❖ ❖

* *Viário*: termo usado aqui no sentido de "conjunto de caminhos, vias, estradas ou setor de um determinado território." (Houaiss, 2001).

❖ ❖ ❖

* *Feedback*: "informação que o emissor obtém da reação do receptor à sua mensagem, e que serve para avaliar os resultados da transmissão." (Houaiss, 2001).

As FAVELAS são exemplos de corporificação de uma intenção, ou seja, a de dizer-se presente frente à negação de um sistema.

Na auto-organização das cidades, é possível, ainda, percebermos o conceito de que os sistemas vivos respondem autonomamente às perturbações do ambiente, com mudanças na sua própria estrutura, ou seja, com um rearranjo do padrão de ligações da sua rede estrutural. Nesse aspecto, é interessante observarmos como as cidades possuem a habilidade de guardar e recuperar informações, reconhecer e responder a padrões de comportamento humano, assim é necessário que a percebamos não simplesmente na sua dimensão de super organismo – a cidade como um todo –, mas que a possamos identificar na escala da dimensão da vida humana individual. O que nos permitirá perceber que nenhum sistema vivo pode ser controlado, mas pode ser desequilibrado.

A concepção sistêmica* da vida percebe a mente e a consciência como processos, e não como coisas.

A respeito dessa concepção é altamente exemplificador o que apresenta Capra (2002, p. 51), pois, segundo ele,

> quando você dá um pontapé numa pedra, por exemplo, ela reage ao pontapé de acordo com uma cadeia linear de causa e efeito. Seu comportamento pode ser calculado por uma simples aplicação das leis básicas da mecânica newtoniana. Quando você dá um pontapé num cachorro, a situação é totalmente diferente. Ele reage ao pontapé com mudanças estruturais que dependem da sua própria natureza e do seu padrão (não linear) de organização. Em geral, o comportamento resultante é imprevisível.

♦ ♦ ♦

* *Sistêmica* refere-se à técnica dos sistemas complexos, enquanto que *sistemas* são "estruturas que se organizam com base em conjuntos de unidades inter-relacionáveis por dois eixos básicos: o eixo das que podem ser agrupadas e classificadas pelas características semelhantes que possuem, e o eixo das que se distribuem em dependência hierárquica ou arranjo funcional" (Houaiss, 2001).

Assim, ao partirmos da concepção de que uma cidade é um sistema vivo para compreendermos a sua estruturação, não podemos deixar de trazer para essa discussão o entendimento de Capra (2002, p. 51) sobre tais sistemas. Segundo ele, a natureza dos "sistemas vivos" pode ser sintetizada através de dois pontos: o dos "padrões de uma organização", definido como a configuração das relações entre os componentes do sistema (a qual determina as suas características essenciais), e o da "estrutura", definido como a incorporação material desse padrão. Na integração desses, surge um terceiro ponto, o dos "processos", definido como processo contínuo dessa incorporação. Esses três fatores, à luz das ciências sociais, correspondem ao estudo da forma, da matéria e do processo, interligados e interdependentes.

Para a compreensão sistêmica dos fenômenos sociais, este físico* acrescentou um outro fator que é o "significado". Portanto na estruturação de uma cidade percebemos esses quatro aspectos (padrões de uma organização, estrutura, processos e significados) interligados, permitindo uma compressão unificada da vida, pois na cidade interagem as três dimensões da vida – a biológica, a cognitiva e a social. Assim, é impossível entendermos esse processo, se não o visualizarmos dentro do contexto econômico, social, cultural e individual.

Ora, isso novamente nos remete ao que foi exposto por Capra (2002, p. 87), o qual afirmou que

> a cultura é criada e sustentada por uma rede (forma) de comunicações (processo) na qual se gera o SIGNIFICADO. Entre as corporificações materiais da cultura (matéria) incluem-se artefatos e textos escritos, através dos quais os significados são transmitidos de geração em geração. [grifo nosso]

✦ ✦ ✦

* Fritjof Capra (austríaco) é físico e teórico de sistemas. Autor de várias obras que são referências mundiais e campeãs internacionais de venda, como os livros *Tao da Física, Teia da Vida, As Conexões Ocultas: Ciência para uma Vida Sustentável*, entre outros.

O que nos permite dizer, por contextualização, que a rede social segue um padrão não linear de organização, logo o mesmo ocorre com a organização das cidades.

✦ ✦ ✦

Considerando aquilo que já discutimos, ainda é possível afirmar que a existência de favelas deve-se somente ao déficit habitacional, como uma relação (padrão) linear de causa e efeito?

✦ ✦ ✦

Se o elemento central de qualquer análise sistêmica* é a noção de organização ou o entendimento do padrão de organização, e se os sistemas vivos são redes autogeradoras, o que significa que o seu padrão de organização é um padrão em rede no qual cada componente contribui para a formação dos outros componentes, conectados, é possível concluirmos que os sistemas vivos criam-se e recriam-se continuamente mediante a transformação ou a substituição dos seus componentes.

Agora, ao acrescentarmos a essa reflexão a existência de um fato, que no nosso entendimento é uma grande incoerência, qual seja o de que os loteamentos urbanos e a fixação de corpos materiais no espaço pela arquitetura são, na sua maioria, sistemas cartesianos e simples, desconectados do sistema aberto e vivo que é uma cidade, não interados com o ecossistema urbano-ambiental. Portanto, na maioria das cidades existem desenhos urbanos distintos, como se fossem malhas ou tramas geométricas que se sobrepõem e disputam os mesmos tipos de conexões, porém seus processos construtivos e degenerativos são independentes.

✦ ✦ ✦

* *Análise sistêmica*: estudo detalhado das partes de um todo, aqui do fenômeno social de assentamentos urbanos, para conhecer melhor a natureza dos mesmos, as suas funções, as relações e causas existentes na sua eclosão e permanência, usando-se para isso da técnica dos sistemas complexos, o que significa dizermos que os fatores sociais, ambientais, políticos, culturais etc. serão todos considerados.

Assim, refletindo sobre o questionamento feito, verificamos que de um lado temos a espontaneidade que deu origem a um processo sócio-histórico (a formação e evolução de uma cidade, sem planejamento) e de outro a indução e o desejo de se criar uma cidade, materializado com a implantação de zoneamentos e de loteamentos.

Este último foi o padrão fracassado dos conjuntos habitacionais, pois nasceu isolado, segregado e desconectado da trama original e dos sistemas que os deveriam "alimentar". Esse é o risco dos planos diretores municipais e por consequência, o risco das cidades não se compreenderem a partir da sua estática*.

✦ ✦ ✦

Esse também é o modelo das favelas, desconectadas das cidades, constituindo-se como tramas que não "dialogam", retratam a insustentabilidade da organização social do espaço.

✦ ✦ ✦

✦ ✦ ✦

* *Estática*: termo usado na acepção de equilíbrio dos (corpos) fatores que sob a ação de forças produzem o desenvolvimento urbano.

capítulo dois

Premissa conjuntural

Nos pautaremos aqui pelo entendimento de que o espaço físico socialmente transformado é um produto global gerado pela inter-relação dos processos de produção, tanto o econômico e o político, como o semântico (cultural-ideológico) (Barrios, 1986).

Isso porque, conforme Lojkine (1997, p. 203), a organização social do espaço é

> um conjunto cuja unidade espacial, geográfica, está contida não só no espaço de reprodução da força de trabalho (o lugar ou os lugares de reprodução das forças de trabalho de determinada região econômica), mas, também, na unidade da aglomeração espacial dos meios de produção, de troca e dos meios de reprodução da força de trabalho.

O entendimento desse conceito é primordial e condição *sine qua non** para o desdobramento e aplicação do que estamos discutindo nesta obra, isto é, a proposição de um instrumento de gestão da sustentabilidade urbana, a partir da análise de risco do processo de favelização.

2.1 *A organização social do espaço*

Adentraremos nele (no conceito) através da TEORIA DA PRODUÇÃO DO ESPAÇO, que é parte integrante de uma teoria social geral. Dessa totalidade, de acordo com Barrios (1986) derivam-se dimensões** que são analisadas segundo conjunturas históricas. Essas dimensões são

◆ ◆ ◆

* A expressão *sine qua non* atribui ao termo a que se refere a condição de indispensável, essencial para que algo se realize.

◆ ◆ ◆

** O termo *dimensão* refere-se a *espaço ocupado* ou *mensurável*, no entanto, aqui ele agrega a carga semântica (sentido) de *significado*, portanto quando falamos em *dimensões* estamos nos referindo a extensão de significados que estão envolvidos na produção do espaço urbano.

classificadas como práticas econômicas, práticas políticas e práticas culturais-ideológicas.

As PRÁTICAS ECONÔMICAS, onde o "valor" é o resultado, são assim definidas: "As relações sociais que se verificam por intermédio das coisas materiais constituem a estrutura econômica da sociedade, elemento que define e explica as diretrizes fundamentais que regem a dinâmica social" (Barrios, 1986, p. 3). Sendo assim, verificamos três situações concernentes a esse processo, ou seja, o espaço físico modificado é produto das práticas econômicas; enquanto a forma pela qual se efetua a transformação do meio físico só pode ser compreendida mediante exame dos interesses dos grupos sociais que dirigem a produção, e que modificam o espaço; e, ainda, que a tecnologia é o índice material preciso da relação entre a sociedade e o meio físico.

As PRÁTICAS POLÍTICAS constituem-se em uma dimensão que tem o "poder" como resultado. Elas abrangem a manutenção e a transformação da estrutura política, razão pela qual podemos inferir que se materializam como ações sociais cujo objetivo é conquistar ou permanecer com o poder. "Envolvem sempre o estabelecimento de uma relação de dominação, caracterizando o nexo homem/homem, que se expressa numa relação de apropriação, característica do nexo sociedade/espaço físico" (Barrios, 1986, p. 19). Sendo assim, as relações de dominação que se estabelecem entre os homens têm como um de seus fundamentos a "propriedade do espaço físico"; esta, por sua vez, justifica-se mediante formulações de caráter ideológico e legitima-se no ordenamento jurídico. Contexto no qual o Estado cria o espaço geopolítico ao subdividir as áreas nacionais para efeito de administração e controle. Sendo sua atuação, no entanto, mais abrangente, pois o Estado incide no nível das práticas econômicas diretamente, cumprindo funções econômicas básicas, ou indiretamente, por meios de processos de planejamento. Condições que fazem com que os movimentos sociais encontrem nas limitações apresentadas pelo mundo material, parte dos elementos que lhes justificam a luta política.

As PRÁTICAS CULTURAIS-IDEOLÓGICAS correspondem à dimensão que produz como resultado o "significado". Assim, o espaço construído, como resultado das diferentes forças sociais que determinam a evolução de uma sociedade em cada momento histórico, constitui o campo de evidências por excelência das práticas culturais, uma vez que as práticas culturais utilizam as formas espaciais como suportes para a transmissão de mensagens de apoio ou negação da ordem vigente.

O espaço

O espaço constitui-se em fator condicionante e determinante dos processos sociais, porquanto o "espaço constituído" é fato físico e fato social. Situação esta que é possível de ser constatada se observarmos que "O espaço socialmente construído compreende o conjunto de elementos materiais transformados pelas práticas econômicas, apropriados pelas práticas políticas e construídos em significações pelas práticas culturais-ideológicas" (Barrios, 1986, p. 19).

Sob essa premissa, é possível verificar que na relação sociedade/espaço reconhecemos uma ordem e uma hierarquia a partir do papel ativo desempenhado pelos homens com respeito ao meio físico; no entanto o estudo do espaço apenas em seu aspecto físico não nos permite analisar todos os processos sociais nele sintetizados. Portanto, somente quando compreendido como produto global de estruturas e práticas sociais dialéticas articuladas é que o espaço construído se converte em poderoso instrumento de mudança social. Interagindo com essa compreensão, podemos fazer coro a Barrios (1986, p. 21), em um alerta aos programas habitacionais e de reurbanização de favelas desconectados, quando declara: "Através da modificação técnica das formas espaciais não é possível induzir mudanças sociais".

Outrossim, foi a partir desse entendimento que o autor elaborou um esquema metodológico para o estudo do espaço (cujas premissas apresentaremos na sequência), pois a busca de soluções de fundo para os problemas urbano-regionais, em países capitalistas subdesenvolvidos, depende da compreensão do processo de construção social do espaço, sendo necessário transparecer na apreensão desses problemas ou fatos espaciais, isto é, naqueles que se referem à ocupação do espaço urbano, critérios teóricos que estejam fundamentados na concepção de que:

- A PRODUÇÃO DO ESPAÇO é um fato técnico em sua aparência, porém social em sua essência;
- O ELEMENTO ESTRUTURADOR BÁSICO das sociedades históricas são as relações de dominação e subordinação que se estabelecem entre os homens durante o processo de trabalho;
- O ELEMENTO DINAMIZADOR da totalidade social constitui os conflitos, que são resultantes da necessidade objetiva dos grupos dominantes de manter e fortalecer sua posição de classe mediante os processos de acumulação, dos quais o espaço é o instrumento material;
- O SISTEMA POLÍTICO-IDEOLÓGICO, tendo por base o nível econômico, dá coesão ao funcionamento do todo social.

A gestão das necessidades humanas frente às práticas econômicas, políticas e culturais-ideológicas

Aprofundando a questão das práticas econômicas, entende-se que a satisfação das necessidades humanas mediante a transformação da natureza é o significado da economia. Isso na forma original de seu conceito, onde a igualdade de valor entre *inputs* (bens ou serviços agregados) e *outputs* (bens ou serviços retirados) permite chamar a economia de "equivalente".

Esse sistema econômico é o oposto da economia de "mercado", ou seja, a chamada economia "não equivalente" que por si só representa o desequilíbrio de um determinado sistema ambiental urbano. Isso porque o que observamos nesta última é que existem demandas em maior número do que de ofertas, ou vice-versa, no que se relaciona à infraestrutura, serviços, habitação etc.

Logo, não há "zero econômico" nesse modelo de organização social sustentado pela filosofia da economia de mercado em que prevalece a urbanização da pobreza. Transformar essa situação significa alcançar a genuína coexistência das economias nacionais e dos blocos econômicos, isto é, mudar o processo estabelecido entre eles, que é o da competição pura e simples para uma economia global, onde seja possível incluir todos os homens e Estados nos mecanismos da economia equivalente (Peters, 1998, p. 38).

O que observamos, enquanto não atingimos esse estágio, é que quanto maior for a capacidade de gestão das condições geradoras das variáveis (que por sua vez estão inseridas nas práticas econômicas, práticas políticas e as práticas culturais-ideológicas) intervenientes no processo da organização social, menor será o risco de deseconomia.

Portanto, o desafio que se apresenta à gestão pública é o da identificação das condições geradoras das variáveis. Processo no qual a escala da percepção, ou seja, o grau de importância das relações humanas, passa a ser a da rua (forças de baixo para cima), onde cada indivíduo tem voz ativa e, consequentemente, torna essas relações mais complexas e fortalece uma nova ética social que abomina as viscosidades presentes nas relações de "poder".

Isso significa uma nova postura diante desse fato, a qual implica em uma relação de comunicação objetiva entre administradores e a população, onde se respeite às aspirações do cidadão e suas necessidades ou, talvez fosse melhor dizermos, onde haja o entendimento de que a gestão não pertence a um determinado grupo ou partido, mas ao usuário do espaço urbano. No entanto, o que percebemos é que a opacidade (viscos) ainda sobrevive às exigências de mercado. Nessa conjuntura, a Sociedade Civil Organizada, o Estado e o Mercado buscam pactos, em contrapartida aos efeitos colaterais desta incapacidade de gestão das cidades pela impossibilidade de se controlar todas as variáveis ao mesmo tempo.

2.2 Quantificando a complexidade

O que queremos destacar neste texto é que existem soluções para reverter a atual insustentabilidade dos aglomerados urbanos que vem sendo gerada pelo incremento de políticas públicas voltadas somente à captação de novos negócios com visibilidade internacional e justificada pela competição exigida pelo avanço da globalização. Entretanto, enquanto os três primeiros setores, denominados Estado, Mercado e Sociedade Civil Organizada, respectivamente, não estiverem em sintonia a favor de um pacto social capaz de anular o quarto setor, denominado "informal" e "contraventor", as cidades continuarão a crescer desordenadamente e o processo de favelização continuará a existir.

Resolver e/ou enfrentar essa situação é o desafio da sustentação matemática da base conceitual do modelo de gestão urbana proposta por esta obra: a MATEMÁTICA DA COMPLEXIDADE ou a TEORIA DOS SISTEMAS DINÂMICOS, que é a matemática de relações e de padrões qualitativos, onde a capacidade exata de se prever algo é, com frequência, impossível. O princípio fundamental dessa conceituação é que A MATEMÁTICA DA DINÂMICA NÃO LINEAR ESTÁ MAIS CENTRADA NOS PROCESSOS PELOS QUAIS SURGEM AS ESTRUTURAS DO QUE NAS ESTRUTURAS PROPRIAMENTE DITAS (Capra, 2002). Surge como nova por se posicionar além da simples explicação de que as relações ou os efeitos têm apenas uma causa direta, por exemplo: o pensamento de que as favelas existam devido ao déficit habitacional.

Assim, a desmistificação da relação tipo causa-efeito está condicionada ao avanço da modelagem matemática da complexidade, que é o grande desafio para a gestão da sustentabilidade urbana, pois gestão é regulamentação dos interesses coletivos, no sentido de igualdade, crescimento, redistribuição e proteção social*. Isso através de políticas

❖ ❖ ❖

* Sobre esse assunto, é importante ler Kauchakje (2007).

públicas estruturantes e emergenciais (neutralizadoras das variáveis que concorrem com os resultados e que se configuram como problemas) que jamais devem ser praticadas baseando-se em "achismos".

A questão da instrumentação da gestão territorial por meio da análise matemática possui a vertente proposta pela física (na condição de um sistema dinâmico complexo), e a interpretação adequada dos resultados que se pode obter dessa análise depende intrinsecamente do conhecimento de profissionais que atuam na área da gestão urbana.

Dentre outros profissionais dessa área, temos, como exemplo, o engenheiro Roberto Brandão*, que teve seu método, adotado em vários planos de uso e ocupação do solo, reconhecido pelo PNUD, atualmente aborda a percepção espacial por meio da vetorização de cada variável analítica que conduz os fluxos materiais e imateriais de um sistema ambiental urbano. Essas forças vetoriais analíticas conduzem a uma tomada de decisão sistêmica, assumindo a complexidade inerente às cidades.

É possível recorrermos também à ANÁLISE MATEMÁTICA, segundo a teoria dos conjuntos Fuzzy (Zadeh, 1965)**. Os conceitos envolvidos são os que permitem a manipulação de informações vagas e imprecisas (naturais da linguagem humana!), como as fornecidas pelos especialistas (profissionais que atuam na área de gestão urbana). Estes baseados em suas experiências, são capazes de apontar como a composição de variáveis independentes e inerentes ao processo de urbanização, como, por exemplo, as variáveis habitacional, social, econômica, entre outras, podem levar a um resultado que seja o de uma variável dependente – como congestionamentos, apagões, favelas etc. – que caracteriza um cenário urbano.

Sendo assim, tal manipulação permite a geração de distintos cenários que, analisados junto aos especialistas, servem como suporte

◆ ◆ ◆

* Roberto Brandão juntamente com Carlos Nigro ministrou o curso *Análise de Gestão Territorial*, em Curitiba-PR, em junho de 2006. Para saber mais, acesse: <http://www.mundogeo.com.br/noticias-diarias.php?id_noticia=6184>.
** Para saber mais, leia Zadeh (1965); ou Nicoletti e Camargo [s.d.].

à decisão na implantação de políticas públicas*. Sob essa perspectiva, podem surgir afirmações como: o município X possui alto risco de sofrer o processo de favelização ou o município Y possui baixo potencial de desfavelamento a partir daquele programa de reurbanização. O fato é que respostas de real incidência surgirão!

Outros conceitos diretamente relacionados são necessários para uma compreensão mais ampla dessas teorias. Assim, nessa busca por uma ampliação de significados encontramos a concepção de que MODELAR UM SISTEMA DINÂMICO COMPLEXO, para Franco e Dieterich (1998, p. 79), significa representar, mediante equações matemáticas, a dinâmica e o comportamento desses sistemas, seja uma empresa, seja o organismo humano, ou seja, uma organização social, pois os movimentos sociais, cujos homens, seus principais elementos, com seus objetivos e propósitos distintos e até contraditórios com relação à organização social ao qual pertence, são os sistemas com maiores níveis de complexidade. Nessa interligação, também necessário é resgatar os conceitos que constam em Capra (2006, p. 80), pois, para este autor, "A auto-organização é a emergência espontânea de novas estruturas e de novas formas de comportamento em sistemas abertos, afastados do equilíbrio, caracterizados por laços de realimentação internos e descritos matematicamente por meio de equações não lineares".

O Estado, o Mercado e a Sociedade Civil Organizada formatam essas dimensões analíticas, pois são os protagonistas frente aos conflitos de interesses, devido às DEMANDAS NECESSÁRIAS – como as de infraestrutura e de serviços, entre outras –, às OFERTAS POSSÍVEIS (as contrapartidas para o atendimento dessas demandas), e às TOMADAS DE DECISÕES frente aos problemas, como as favelas.

♦ ♦ ♦

* Mais detalhes do uso dessa teoria podem ser encontrados em Pedrycz e Gomide (1998), enquanto que detalhes da prática, no ambiente computacional científico MatLab, podem ser encontrados em Amêndola, Souza e Barros (2005).

A fusão dessas variáveis, que se constituem como parâmetros analíticos complexos, muitas vezes se concretiza através de políticas públicas, focalizadas e emergenciais, e não estruturantes, pois, pela falta de indicadores ou outros modelos de instrumentos analíticos de gestão, e pela urgência e pressão para serem implantadas, essas políticas tornam-se superficiais, não atingindo a raiz do problema, para o escopo desta obra, uma favela.

Devido ao caráter pontual que assumem, exemplificadas pelas intervenções realizadas através de programas específicos de reurbanização em aglomerados urbanos subnormais (favelas), essas políticas públicas estão submetidas a círculos viciosos que induzem a falência dos subsistemas que mantêm em funcionamento as cidades. Tais programas não detectam e não tratam a essência dos desequilíbrios destas por não considerar todas as variáveis inter-relacionadas geradoras dos problemas. Assim, não se configuram como ações estruturantes, mas sim como ações corretivas.

Os instrumentos tradicionais de gestão ambiental urbana, segundo Ribeiro e Vargas (2001), apresentam formatos distintos, como os normativos (regulamentações), os de fiscalização e controle das atividades, os corretivos, através de programas de intervenções (implantações e manutenções), e os preventivos, através da proteção do território, do licenciamento ambiental, e das análises de riscos. Devido aos conflitos de interesses, esses instrumentos têm, segundo as autoras, a sua eficácia restringida.

Voltamos a enfatizar que a gestão urbana tem como desafio o enfrentamento das incógnitas pela identificação, sistematização e análise das variáveis, com o objetivo de buscar as possíveis relações que interferem nos resultados finais, ou seja, conhecer os elementos que induzem o fracasso da metamorfose urbana, culminando em favelas, por exemplo.

Logo, o gestor urbano tem como desafio transformar as incertezas num modelo probabilístico, sob o enfoque sistêmico de planejamento, com a intenção de se conhecer as possibilidades dos fatores de causa de favelização ocorrerem sob as mesmas condições.

capítulo três

Desenvolvimento: oportunidades ou riscos?

Como um organismo, uma cidade precisa ser a analisada na sua totalidade porque é um sistema complexo e multifacetado, tendo como desafio a sua mensuração.

✦ ✦ ✦

Mas as cidades podem ser gestionadas na sua completude, visando a sustentabilidade urbana?

✦ ✦ ✦

Os números revelados pela pobreza, pela criminalidade, pela insuficiência escolar (analfabetos e alfabetizados funcionais), pela falta de segurança e saúde pública, que para tomarmos conhecimento basta acompanharmos as notícias ou lançarmos nosso olhar sobre o ambiente urbano, principalmente sobre os grandes aglomerados, justificam a revisão de uma ética social em prol de um ajuste econômico capaz de acabar com a desigualdade reinante em nossas cidades.

Cidades que, segregadas, deixam de atender as características da sua principal função: AS TROCAS PROPORCIONADAS PELA SOCIALIZAÇÃO, pois a fusão desses números, infelizmente, têm como representações ou resultados as favelas*.

O que observamos, em vez de socialização, é que a URBANIZAÇÃO EXCLUDENTE trouxe inúmeras consequências nocivas, seja em relação às questões socioambientais, como em relação às questões jurídicas, econômicas, políticas e culturais. Isso, não apenas para aqueles que se encontram exilados no ambiente urbano (assentamentos), mas para as cidades como um todo (Brasil, 2004a, p. 40).

✦ ✦ ✦

* A fim de ilustrar e mesmo ampliar a visão sobre esses fatores e respectivos mecanismos, é bastante oportuna a leitura de Davis (2006).

3.1 Gestão urbana: seus parâmetros e suas variáveis

Vivemos diante do enfrentamento dos desafios impostos pelas questões socioambientais, o que implica em ações (e não omissões) voltadas ao desenvolvimento nacional. No entanto, agindo na escala local do espaço territorial (município ou região), a gestão pública garante a sustentabilidade do sistema ambiental urbano alicerçada em fatores mensuráveis e possíveis de serem materializados muito mais próximos da realidade social e cultural, pois cada município brasileiro tem características e problemas únicos.

Redimensionada para a área de atuação das gestões locais (municípios ou regiões) essa sustentabilidade norteia o conceito de gestão de recursos para o desenvolvimento sustentável, sendo primordial a urgente necessidade de que os administradores e a comunidade tomem medidas visando o saneamento e a prevenção de políticas públicas que minimizam e neutralizam o crescimento dos conflitos sociais, gerado pelo "jogo" de forças econômicas mundiais.

Essas observações são necessárias, e é fator primordial que seja absorvida por quem tem a condição de decidir e influir, pois a rede geral da urbanização brasileira está conformada com os eixos polarizadores do poder, fortalecidos pela programação de investimentos seletivos que relegam áreas de baixo dinamismo ou estagnação e, assim, acentuam a concentração populacional nas regiões metropolitanas e nas aglomerações urbanas, reforçando o desequilíbrio e agravando os problemas desses centros.

Nesse contexto, com relação ao desenvolvimento sustentável, ao nos reportarmos ao acordo internacional estabelecido através da *Agenda 21*, encontramos como teor de seu texto as seguintes exigências: comprometimento com políticas econômicas saudáveis, um gerenciamento saudável, uma administração pública eficaz e previsível, preocupações ambientais integradas ao processo de tomada de decisões e um governo democrático, onde a participação dos envolvidos é fundamental. Ainda registra a necessidade de tornar o conceito de "desenvolvimento sustentável" preciso e efetivo através de termos concretos como indicadores e mecanismos jurídicos de intervenção na prática, implementando mudanças estruturais. Não obstante, registra a necessidade de valorizar as diferenças e especificidades culturais, não as generalizando através de um modelo padrão (Fórum..., 2002).

Considerando todos esses aspectos em relação ao desenvolvimento sustentável, avaliando o que é proposto e fazendo um contraste com a realidade das gestões públicas em nosso país, podemos perceber que para que haja uma profunda mudança do modelo de desenvolvimento dominante no Brasil, construindo assim a sustentabilidade não pontual, teremos que introduzir modificações estruturais e de base. Para isso teremos que enfrentar as barreiras da desigualdade, através da redistribuição de renda e riqueza; as barreiras da degradação ambiental, reequilibrando os processos rápidos de urbanização e industrialização, bem como retendo devastações; as barreiras da dependência externa, libertando-nos dos ditames internacionais; as barreiras da reestruturação produtiva subordinada, que requer a minimização dos impactos negativos à economia, à sociedade e ao meio ambiente. Além disso, precisamos enfrentar as barreiras da degradação da democracia, fortalecendo a sociedade civil organizada e a ativa participação nos processos decisórios (Fórum..., 2002).

Assim, de acordo com Jacobi (1997, p. 384) o que fica patente é que

> A preocupação com o tema do desenvolvimento sustentável introduz não apenas a sempre polêmica questão da capacidade de suporte, mas também os alcances e limitações das ações destinadas a reduzir o impacto dos agravos no cotidiano urbano e as respostas pautadas por rupturas no *modus operandi* da omissão e conivência com as práticas antropofágicas predominantes.

No entanto, em meio a toda essa problematização e ao levantamento de parâmetros a serem organizados e estabelecidos nos enfrentamentos das causas geradoras e dos efeitos devastadores do atual modelo de urbanização, foram identificados no DIAGNÓSTICO GERAL DA URBANIZAÇÃO BRASILEIRA* estratégias de sustentabilidade urbana, consolidadas e detalhadas por propostas, principalmente as relacionadas com o documento que se intitulou *Objetivos de Desenvolvimento do Milênio***, que se constitui em estratégia internacional, onde foram pontuados, entre outros, o objetivo de garantir a sustentabilidade ambiental, integrando os princípios do desenvolvimento sustentável nas políticas e programas nacionais para, assim, reverter a perda dos recursos ambientais.

Na estratégia que trata da REGULAÇÃO DO USO E OCUPAÇÃO DO SOLO, e que considera a promoção da equidade, eficiência e qualidade ambiental, entre outras, está a proposta de "melhoria da qualidade ambiental das cidades através de ações preventivas e normativas de controle dos impactos territoriais dos investimentos públicos e privados, do combate às deseconomias da urbanização[...]" (Consórcio Parceria 21, 1999, p. 6).

Não obstante, devemos estar cientes de que vários pontos críticos (conforme já discutimos em páginas anteriores), foram e são possíveis de serem identificados como fatores restritivos, ou seja, que representam obstáculo ao desenvolvimento urbano sustentável, evidenciando-se entre eles o aguçamento ou o aumento expressivo dos problemas relativos ao meio (espaço geográfico, cultural e social) citadino oriundos dos povoamentos desordenados. Os quais revelam

---

◆ ◆ ◆

* Consideramos aqui pesquisas feitas pelo IBGE, como os dados das Pesquisas Nacionais por Amostra de Domicílios (PNADs), pelo Banco Mundial e pela ONU, onde se destacam aquelas em que se usou a metodologia do Programa das Nações Unidas para Assentamentos Humanos (UN-Habitat).

◆ ◆ ◆

** Para saber mais, acesse:
<http://www.pnud.orgl.br/odm>.

a falta de planejamento, a insuficiência dos serviços públicos – ora por falta de recursos, ora pelo anacronismo nos sistemas de gestão – e a irresponsabilidade com que muitas vezes é tratado o meio ambiente.

É na observância e avaliação de todos esses fatores envolvidos nos processos de desenvolvimento sustentável que concordamos com Maricato (2001) quanto ao fato de que o paradigma de gestão deverá contrariar o rumo predatório pelo qual as cidades brasileiras caminham, passando a requerer pressupostos que atendam a essa nova concepção norteadora dos passos estruturantes e evolutivos das aglomerações urbanas – as cidades. Razão pela qual os transcrevemos na sequência, pois oferecem parâmetros objetivos para uma gestão atual e saudável.

Princípios para estruturação das aglomerações urbanas

- Conhecer as cidades reais, e não as suas representações ideológicas, através do conhecimento científico, mediante indicadores que a retratem; bem como as suas projeções, constituindo-se como parâmetros para avaliação de políticas públicas e gestões governamentais.
- Reconhecer os conflitos de interesses, construindo espaços de participações sociais, operacionalizantes, ativas, que enfrentem esses conflitos.
- Reformar o arcabouço institucional, redefinindo as atribuições administrativas e operacionais, bem como os seus quadros e agentes, segundo um modelo que aborde e faça acontecer as políticas de inclusão social, de forma integrada.
- Atualizar e democratizar a informação cadastral.
- Criar uma política institucional para as regiões metropolitanas e, para tal, reagrupar a estrutura institucional, considerando as esferas federal, estadual e municipal, bem como, a formação de pessoal e a abertura de investimentos específicos, visando atenuar principalmente a segregação, a ilegalidade e a degradação.

- TER A BACIA HIDROGRÁFICA COMO UNIDADE AMBIENTAL REFERENCIAL para o planejamento e gestão urbanos, agregando variáveis além das econômicas, complementando as determinações dadas pelas relações de produção.
- AGILIZAR AS MEDIDAS CORRETIVAS, qualificando os quadros funcionais como decisores preparados para ações emergenciais, aproximando-os da construção real dos pactos sociais através de tarefas operacionais e, assim, qualificando-os como realizadores de políticas também de médio e longo prazo (Maricato, 2001).

Devemos lembrar que o modelo de "desenvolvimento local" implica em "poder local" (*empowerment*), pois favorece seus atores:

> O local é a escala mais propícia para identificar os problemas comuns e os diferentes interesses que podem contribuir para a construção social pactuada. O local é propício ao planejamento, à gestão, ao monitoramento participativo e à apropriação do espaço urbano e do espaço político pela população. (Brasil, 2004b, p. 39)

Esse aspecto foi com muita propriedade abordado por Franco (1999), que se baseou nos consensos a seguir para desenvolver o tema *Participação do poder local em processos de desenvolvimento integrado e sustentável: construídos no Brasil, por atores governamentais e não governamentais*.

PRESSUPOSTOS PARA A ELABORAÇÃO DA TEMÁTICA DA PARTICIPAÇÃO DO PODER LOCAL

- O DESENVOLVIMENTO LOCAL integrado e sustentável É UM NOVO MODELO para promover o desenvolvimento, o qual possibilita o surgimento de comunidades mais sustentáveis e capazes de: suprir suas necessidades imediatas; descobrir ou despertar suas vocações locais e desenvolver suas potencialidades específicas; fomentar o intercâmbio externo aproveitando-se de suas vantagens locais. Esse modelo abrange o desenvolvimento econômico, social, cultural, político e institucional, a organização física-territorial e a gestão ambiental.

- O DESENVOLVIMENTO LOCAL integrado e sustentável É UMA VIA POSSÍVEL para a melhoria da qualidade de vida (resultante de um conjunto de fatores como trabalho, renda, educação, saúde, segurança alimentar e nutricional, mobilidade, meio ambiente natural, ambiente social, segurança pública, governo e política, cultura, lazer e ócio) das populações e para a conquista de modos de vida mais sustentáveis.
- Para que AS MÚLTIPLAS EXPERIÊNCIAS de desenvolvimento local integrado e sustentável possam vir a compor, no seu conjunto, uma alternativa complementar global de desenvolvimento do país, é necessário que existam: uma estratégia nacional de desenvolvimento que compreenda a sua necessidade e uma política pública consequente.
- A PARTICIPAÇÃO DO PODER LOCAL é condição necessária, embora não suficiente, para o êxito de projetos de desenvolvimento local integrado e sustentável, exigindo uma nova distribuição espacial, como microrregiões ecossociais homogêneas, definidas a partir de critérios humano-sociais combinados com critérios ambientais.
- O DESENVOLVIMENTO LOCAL integrado e sustentável REQUER para sua viabilização a parceria entre Estado, Mercado e Sociedade Civil. A participação da comunidade estimula a cidadania e cria novos espaços ético-políticos nas localidades.
- O DESENVOLVIMENTO LOCAL integrado e sustentável PRESSUPÕE uma nova dinâmica econômica integrada de base local, na qual sejam estimuladas a diversidade econômica e a complementaridade de empreendimentos, de sorte a gerar uma cadeia sustentável de iniciativas, maximizando as potencialidades de produção, comércio, serviços e consumos locais.

- O DESENVOLVIMENTO LOCAL integrado e sustentável EXIGE a transferência de recursos exógenos e a mobilização de recursos endógenos, públicos e privados.
- O DESENVOLVIMENTO LOCAL integrado e sustentável REQUER a presença de agentes de desenvolvimento governamentais, empresariais e da sociedade civil, voluntários e remunerados, colocando, por um lado, as questões da mobilização e da contratação, e por outro, a questão da capacitação desses agentes.
- O DESENVOLVIMENTO LOCAL integrado e sustentável EXIGE uma nova base de informação desagregada que permita uma análise mais apurada da economia e da realidade social local, bem como novos indicadores locais de desenvolvimento, que incorporem índices capazes de aferir os níveis de qualidade de vida e de sustentabilidade alcançados nos diversos momentos do processo.
- UM DOS PRINCIPAIS FATORES DO DESENVOLVIMENTO LOCAL integrado e sustentável, sem o qual se torna muito difícil realizá-lo, é a população despertada para as possibilidades e para as vantagens de um processo mais solidário de desenvolvimento, o que coloca a necessidade de desenvolver e aplicar estratégias de comunicação social e de *marketing* compatíveis (Franco, 1999).

A GESTÃO URBANA tem como desafio pensar o desenvolvimento local, primeiramente, na base do município. O que pode ser entendido como um novo modelo de desenvolvimento, que contempla não só o crescimento da produção, mas também a realização de avanços na qualidade de vida, na equidade, na democratização, na participação cidadã e na proteção ao meio ambiente, caracterizando importância igualmente significativa tanto ao Estado nacional, às regiões e às cidades, como agentes desse processo (Costa; Cunha, 2003).

Por que enfatizamos esse assunto? É por acreditarmos, baseando-nos nos estudos e nas práticas observadas, que o desenvolvimento urbano sustentável é possível, desde que ocorra a integração de políticas públicas compensatórias e, principalmente, estruturantes, pois estas objetivam a regulação das causas que dão origem aos problemas urbanos. Visam também a gestão do desenvolvimento rural sustentável, considerando as relações entre os perímetros que separam administrativamente os territórios urbano e rural, devido às pressões e aos impactos causados pela expansão das cidades, mas, principalmente, considerando as tomadas de decisões que tratam a bacia hidrográfica como divisão e unidade de medida do planejamento e gestão ambiental e, consequentemente, as interações e as negociações saudáveis entre a agricultura, os mananciais e a participação dos agentes.

Os PROGRAMAS ESTRUTURANTES são assim conceituados, pois permitem o estímulo ao surgimento de condições favoráveis ao desenvolvimento da capacidade econômica local. Eles (os programas) potencializam atividades consolidadas, bem como descobrem outras (uma vez que propiciam o envolvimento e a participação dos atores locais), e, assim, somados e integrados com os PROGRAMAS EMANCIPATÓRIOS (voltados a autonomização dos atores sociais excluídos) e com os programas REDISTRIBUTIVOS, rompem com a lógica assistencialista não contributiva (Pochmann, 2002).

As atuais condições ambientais do meio urbano exigem tomadas de decisões urgentes no sentido de definir a sustentabilidade ambiental, com o objetivo de orientar as decisões de definição de tipos de uso e ocupação considerando os limites sustentáveis (Garcias, 1999) avaliados através do uso de indicadores, que também podem ser usados como instrumentos de gestão.

Indicador, segundo Garcias (1999), é um atributo qualitativo que explicita uma informação, aqui considerado *status quo*. Ou seja, através de um parâmetro medidor desse indicador, o que resulta em valorização numérica, denominada de índice, que é o valor da medida do indicador.

Devemos destacar que "instrumentos de mensuração", como, por exemplo, "indicadores de desenvolvimento", são essenciais, absolutamente necessários na construção do progresso dos espaços urbanos, onde se mantenha o respeito aos critérios da sustentabilidade.

É característica dos indicadores possuírem uma ou mais variáveis. Estas quando operacionalizadas ampliam os significados ou mostram outros aspectos sobre os fenômenos que estejam sendo focalizados. Portanto, eles são de uso obrigatório em todas as etapas de estruturação e desenvolvimento de um sistema urbanístico que vise a sustentabilidade (guiam, subsidiam e avaliam) (IBGE, 2000, p. 10).

A *análise de risco*

A "análise de risco" é uma forma de proteção e de antecipação de problemas para evitar perdas, assim como mede a desconfiança com relação a alguma situação desfavorável, como, por exemplo, o "risco Brasil", pois "a confiança pressupõe consciência das circunstâncias de risco" (Giddens, 1991, p. 38). Dada a importância desse fator no processo do tema aqui abordado e visando uma melhor compreensão dessa variável, destacamos outros conceitos sobre riscos, que são congruentes com a análise sistêmica.

Na contemporaneidade, "risco" é tratado como um fenômeno, sendo enfatizados os diferentes aspectos contextualizados que contribuem para o seu acontecimento: os fatores de risco (condicionantes da ocorrência e evolução), entre eles, as incertezas que possuem um componente político (Shrader-Frechette, citado por Lieber, 2002, p. 84).

O fato é que o risco existe e faz-se necessário refletir sobre ele! Sendo essa uma variável constante, a sociedade pode nunca conhecer seus limites, se não se expor a riscos. Consequentemente, a cidade que não ponderar, não avaliar esse fator, ela não se reconhece, não tem ciência de seus problemas e potencialidades.

A sociedade globalizada de risco (sociedade catastrófica) permite destacar os riscos da pobreza nas sociedades da escassez. Esse estilo de vida de uma cidade, se comparado às práticas da medicina, permite que haja uma intervenção preventiva, uma vez que sejam identificados os fatores de risco (Beck, citado por Castiel, 2002, p. 114).

A abordagem dos espaços urbanos baseada nos fatores de risco, e quanto a isso concordamos com Castiel (2002), possibilita identificar, contabilizar e comparar o escopo deste estudo, em relação aos fatores estabelecidos, e proporcionar intervenções preventivas, pois o risco constitui-se numa forma presente de descrever o futuro sob o pressuposto de que se pode decidir qual é o futuro desejável. Ora, essa é uma condição almejada pelos novos pressupostos de planejamento e de gestão urbanos, logo a observação de que o risco não é puramente uma contingência ou um efeito circunstancial, mas, sim, constitui-se como parte de um processo social, possibilita uma ampliação de horizontes e representa uma mudança de parâmetros em relação ao que foi praticado na arquitetura e na infraestrutura das cidades. Essa perspectiva se fundamenta e se fortalece à medida que observamos que mesmo os impactos ambientais que deterioram a qualidade de vida possuem uma parcela de participação da sociedade. Por exemplo, os riscos de enchentes são produzidos a partir de um processo de ocupação de áreas sujeitas a alagamentos de acordo com os regimes de cheias dos rios (Rolnik; Nakano, 2004).

Outrossim, as concepções de risco incorporam a noção de vulnerabilidade na gestão de áreas urbanas degradadas, seja pela sua prevenção, seja pela sua recuperação, pois restabelecem as formas de sociabilidade calcadas na inclusão social e na garantia de direitos. Portanto,

> a análise da situação reconhecida como risco ou como vulnerabilidade traz diretrizes para as ações interventivas na gestão como PREVENÇÃO (em situações de vulnerabilidade), PROMOÇÃO (em situações de vulnerabilidade e risco)

e PROTEÇÃO, RECUPERAÇÃO ou CORREÇÃO (nas situações de risco). (Garcias et al., 2005, p. 10, grifo nosso)

Vamos aqui abrir um parêntese para deixar sintetizados estes dois conceitos essenciais – risco e vulnerabilidade – em uma gestão que se proponha a gerir o desenvolvimento sustentável, e, para isso, recorremos às definições de Garcias et al. (2005, p. 10), segundo as quais entende-se:

- RISCO como situação de violação, degradação ou ausência de direitos ambientais, sociais e habitacionais já instalados ou em vias imediatas de ocorrência;
- VULNERABILIDADE como os processos socioeconômicos, culturais e políticos que podem aprofundar ou colocar grupos sociais e áreas territoriais em risco: exclusão social e pobreza e, também, possibilidade, ainda que não imediata, de instalação de empresas, atividades ou ocupação em áreas frágeis ou de impacto ambiental, por exemplo.

Nos processos de análise, avaliação e planejamento de gestões direcionadas ao desenvolvimento sustentável, recorre-se a técnicas de análise de riscos de acidentes, como a Análise Preliminar de Riscos (APR), para a definição de conceitos. A APR trata-se de um "procedimento sistemático para definir medidas preventivas que objetivam controlar riscos. Combina inúmeras ferramentas dos Sistemas de Qualidade para identificar eficaz e inequivocamente estes riscos" (Assunção, 2004, p. 2). Técnica esta que basicamente consiste em estruturar uma equipe gerencial multidisciplinar, visando identificar e caracterizar os riscos e, posteriormente, elaborar um plano de ações preventivas, detectoras das causas raiz do problema e, assim, obter um controle dos múltiplos processos.

capítulo quatro

Insustentabilidade urbana: processos de favelização

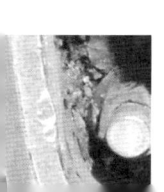

Dos problemas urbanos surgem dúvidas e, assim, buscamos respostas, pois a vida nas cidades reserva grandes emoções de alegria, mas também grandes decepções e sofrimentos frente às crises socioambientais. Nas cidades vivemos em favelas e também com favelas.

✦ ✦ ✦

O que nos leva a perguntar se elas são apenas tipos de problemas ou síndromes urbanas que só afetam a quem nelas esteja inserido ou essa abrangência é mais ampla?

✦ ✦ ✦

Esta obra traz as favelas como símbolo da INSUSTENTABILIDADE URBANA, pela condição de uma conjuntura, ou seja, como uma situação que nasce de um encontro de determinadas circunstâncias. Isso configura o desequilíbrio do sistema ambiental urbano e a sua vulnerabilidade, que são representados, nesta obra, pela existência de favelas, evidenciando o risco que a gestão urbana enfrenta.

No Brasil, o diagnóstico geral da urbanização, de acordo com os estudiosos do assunto (Consórcio Parceria 21, 1996, p. 6), identificou pontos críticos para o desenvolvimento urbano sustentável, evidenciando entre eles o

> agravamento dos problemas urbanos e ambientais das cidades, decorrentes de adensamentos desordenados, ausência de planejamento, carência de recursos e serviços, obsolescência da infraestrutura e dos espaços construídos, padrões atrasados de gestão e agressões ao ambiente.

Sendo que, nos municípios brasileiros que declararam a existência de favelas, foi observada uma situação comum, a saber: em um determinado momento, sob a influência de fatores de causas diversas (segundo as variáveis analíticas de cada município) eles tiveram sua primeira comunidade desassistida (coincidentemente isso ocorreu em todos), devemos ressaltar que foi principalmente um grupo de pessoas desassistidas. Esse foi, portanto, o fator destacado como condição para o aparecimento de favelas.

Impossível negar a existência das favelas, que são situações emblemáticas de um fenômeno complexo, pela sua associação ao ambiente, pelos seus múltiplos fatores de causa, sob os olhares de múltiplas ciências e pelo desequilíbrio gerado que permite uma aproximação sem um rigor metodológico.

✦ ✦ ✦
>
> Mas a quem pertencem as favelas? Somente aos seus moradores?

✦ ✦ ✦

As favelas têm suas causas nas mais variadas relações sistêmicas, interconectadas, como em forma de rede, padrão que é comum a todas as formas de vida. Uma favela representa e justifica a insustentabilidade e a vulnerabilidade de um sistema ambiental urbano devido ao crescimento desordenado que o invade, causando rupturas sistêmicas e, por fim, desequilibrando-o e degenerando-o. Situação essa que exige uma reflexão responsável para que possamos lutar a favor da minimização do crescimento da segregação, da exclusão social e da proliferação das favelas, que podem fazer de uma cidade uma grande "neoplasia maligna", se não atentarmos para o conjunto de fatores que interferem no processo de favelização em municípios que, de forma induzida ou espontânea, crescem, mas não se desenvolvem e por, assim, tornarem-se suscetíveis, revelam toda a sua fragilidade e incapacidade de enfrentar os seus problemas urbanísticos, ou seja, a sua própria vulnerabilidade.

✦ ✦ ✦
>
> Vamos analisar, vamos ponderar: será que o conjunto de fatores que interferem na formação das favelas, condicionadas à unidade de medida da insustentabilidade urbana, devido a sua existência, pode ser percebido e analisado na sua totalidade sistêmica? Ou seja, é a favela um fator causa ou um fator efeito da insustentabilidade urbana?

✦ ✦ ✦

Uma favela não pode ser tratada no seu isolamento, sob a visão de um ambiente construído, mas, sim, sob o olhar de um desenho urbano*, consequente de um fenômeno urbano, onde se fazem presentes as relações socioeconômicas, políticas e culturais, testemunhadas pela sua morfologia, isto é, pela sua configuração, sua forma. A sua análise deve estar atrelada à conscientização e tratamento dos processos inter-relacionados e não à conscientização e tratamento da sua resultante final morfológica.

Normalmente, quando alguém se refere às favelas, baseia-se em conceitos que as definem como espaços urbanos que possuem uma identificação conceitual qualiquantitativa, institucionalizada, *ex post facto***, como

> conjunto constituído de no mínimo 51 unidades habitacionais, ocupando ou tendo ocupado até período recente, terreno de propriedade alheia (pública ou particular), dispostas, em geral, de forma desordenada e densa, bem como carentes, em sua maioria, de serviços públicos essenciais.
> (IBGE, 2000)

Não é assim que esta obra as percebe, mais especificamente não é essa a concepção que temos sobre a estrutura e desenvolvimento das favelas, pois se busca a etiologia dessa resultante processual, ou seja, o estudo das origens desse fenômeno, as determinantes dessa inter-relação de processos.

◆ ◆ ◆

* O *desenho urbano* pode ser definido como uma atividade multidisciplinar, interessada tanto no processo de transformação da forma urbana quanto no espaço resultante de tal processo. Combinando questões técnicas, sociais e estéticas, projetistas urbanos atuam em todas as escalas do desenvolvimento socioespacial (1). Em poucas palavras, desenho urbano é a arte de fazer lugares para as pessoas (Barros, 2004).

◆ ◆ ◆

** *Ex post facto*: do latim, significando "a partir do fato passado". São pressupostos, portanto, que se fundamentam em conceitos anteriormente concebidos.

Buscamos, portanto, um conceito que caracterize a favela não somente após a sua existência, mas sim, no que se refere à sua antecedência, no porquê, como e quando da permissão do seu surgimento. Nesse intento, percebemos que realizarmos uma analogia com o organismo humano nos ajuda a entender esse processo.

✦ ✦ ✦

> Ou seja, se nos perguntarmos, como seres humanos vulneráveis, qual a possibilidade de alguém se tornar cancerígeno? Ou, ainda, por que as pessoas têm essa tendência? Isso vale para as cidades.

✦ ✦ ✦

Nas cidades, essas perguntas também se fazem necessárias, pois a concepção sistêmica do processo urbanístico nos compromete com uma análise mais profunda, na qual não podemos deixar de lado indagações como: uma favela simboliza a incapacidade de serem equacionados os problemas socioeconômicos, culturais, políticos e espaciais de um município? quais atores, reatores e fatores (elementos que concorrem para o resultado) estão envolvidos? quais desses fatores seriam subjetivos, inatingíveis, imensuráveis?

Essa é uma pequena amostragem da quantidade enorme de dúvidas que envolvem esse "problema" – a favelização. Entre elas, também destacamos questões como, quais as características dos municípios que contam com inúmeras favelas? em que momento se iniciou a favelização? quais os perfis socioeconômico, cultural, político e espacial de tais municípios, quando do surgimento de suas primeiras favelas? quais as especificidades características das políticas públicas destes municípios, bem como daqueles que não declaram a existência de favelas?

A conclusão diante de toda essa complexidade é de que, para entendermos a formação das favelas, torna-se necessária uma melhor compreensão das relações humanas. Relações adequadas entre as necessidades e as potencialidades são, constantemente, administradas pelo ser humano. Porém, essas relações são circunstanciais e alteram-se conforme motivações e/ou interesses, frutos da característica humana de incompletude, que podem se tornar coletivos quando há o compartilhamento das mesmas demandas ou dos mesmos ideais, ou das mesmas imposições, ou melhor, perturbações.

Surgem conflitos nas relações humanas quando há perda da confiança, da autorrealização pessoal, quando os "padrões institucionais" deixam de corresponder, ou quando os novos padrões (endógenos e exógenos) não atendem a totalidade e não atingem o grau satisfatório da capacidade deste padrão de produzir a realização plena do ser e proporcionar a participação plena nas oportunidades de bem e justiça. Ou seja, a possibilidade de uma vida saudável, onde o cidadão sinta-se integrado ao meio e usufrua dos bens materiais e culturais de sua época.

♦ ♦ ♦

Qual é o motivo que fez dar início ao padrão institucional? Qual é a razão da sua existência? Os motivos ainda persistem, mesmo sendo justificados? São questões concernentes a esse conflito a serem analisadas.

♦ ♦ ♦

As favelas, e principalmente, os seus moradores, carregam dentro de si interpretações e representações ideológicas, institucionais e pessoais, que consequentemente se tornam padrões. Portanto, é necessário descobrir os véus de preconceitos que os cobrem para se entender melhor os desequilíbrios e os conflitos humanos ali gerados em função disso. Para Durkheim (1999, p. 105-106), "Os fenômenos sociais devem explicar não somente as propriedades específicas que os caracterizam (sua função), mas também as propriedades que os criam, ou sejam, suas causas contextualizadas".

Sobre essa concepção da formação do espaço urbano (que é a que adotamos), na qual é considerada essencial a figura do "indivíduo", é interessante a forma com que Durkheim (1999, p. 105-106) vê o processo, pois ele diz que

Ao se agregarem, ao se penetrarem, ao se fundirem, as almas individuais dão origem a um ser, psíquico se quiserem, mas que constitui uma individualidade psíquica de um gênero novo. Portanto, é na natureza dessa individualidade, não na das unidades componentes, que se devem buscar as causas próximas e determinantes dos fatos que nela se produzem.

Sendo oportuno lembrarmos que essas buscas se apóiam na semiótica*, com um foco centrado (Nigro, 1994), pois esta, podemos por assim dizer, comporta o estudo de fenômenos culturais (incluindo, portanto, práticas sociais, políticas, econômicas, enfim, processos comportamentais) considerados sistemas significativos.

Método ou perspectiva que é aqui concernente, pois para que os fatores de favelização sejam supostamente identificados, inicialmente é preciso decodificar uma favela para que, assim, possamos compreender esta realidade social, ou seja, ler e interpretar os códigos existentes nessa forma de assentamento humano.

Nesse sentido, usaremos metáforas com conceitos análogos, uma vez que uma favela é uma instituição ou uma imagem institucionalizada pelas relações de produção, construídas no espaço urbano, que são fenômenos sociais e, como tais, devem ser tratados como coisas, pois são dados considerados em si mesmos, apresentados na sua exterioridade, fora das consciências individuais (Durkheim, 1999). Podemos, portanto recorrer à analogia com significados paradoxais como aqueles trazidos por imagens favoráveis ao potencial de um renascimento, como umbigo, semente, núcleo, raiz etc., ou por imagens desfavoráveis, como caroço, mancha, nó, cicatriz e tumores,

✦ ✦ ✦

* *Semiótica* ou "teoria geral das representações [Charles S. Peirce (1839-1914)], que leva em conta os signos sob todas as formas e manifestações que assumem (linguísticas ou não), enfatizando especialmente a propriedade de convertibilidade recíproca entre os sistemas significantes que integram" (Houaiss, 2001).

mostrando todo um desordenamento, desequilíbrio, desarranjo, descontrole, degradação, descontinuidade, descompasso, decomposição, degeneração. Ou seja, sinônimos da desconformidade entre a inclusão e a exclusão social, entre as demandas e as ofertas, entre os conflitos assim simbolizados.

Uma vez identificada e decodificada esta "esquecida" unidade constituída devido ao não atendimento de suas demandas, esta sinergia* – seja ela um tumor, um emaranhado, uma edificação, um nó ou uma favela – passa então a depender da necessidade de sua recomposição, reintegrando-se com os subsistemas existentes que se correlacionam, pois o processo de mimetismo, ou seja, de adaptação ou assimilação, ou, ainda, de integração a nova situação, é lento ou inexistente. Logo se faz necessária a decomposição analítica sistêmica e a sua recomposição, isto é, a recomposição de um complexo de determinantes, dentro de um padrão de sustentabilidade, que resgata a identidade cultural e a dignidade de seus habitantes através do espaço habitacional construído.

Porém cabe lembrar que uma vez atingido o estado de favelização em que se encontram muitas cidades, o mesmo se torna irreversível quanto à sua recomposição, daí a necessidade de controlarmos as variáveis (os fatos que levam a edificação de favelas) no seu estado inicial, no seu *start up*, nos seus nexos, e não no seu isolamento.

Recorremos também, nessa busca por analogias ao processo de favelização, ao artista Michael Landy, com sua obra *Break Down*, que faz de uma linha de desmontagem, fragmentação e junção de suas poses, agora retalhadas, o seu autodesreconhecimento, por desmontar um sistema a partir de sua desfuncionalização, zerando a sua vida (Farias, 2003). Ao zerar sua vida, ele reconhece o seu grau zero de

❖ ❖ ❖

* *Sinergia*: aqui se refere à condição do que se constitui por ações ou esforços simultâneos; onde há cooperação ou coesão em um determinado sentido ou em uma determinada direção, isto é, em que ocorre a "ação associada de dois ou mais órgãos, sistemas ou elementos anatômicos ou biológicos, cujo resultado seja a execução de um movimento ou a realização de uma função orgânica" (Houaiss, 2001).

existência material. Isso se assemelha ao processo urbano que estamos abordando, porquanto essas ações construtivistas e desconstrutivistas se mesclam em uma favela, onde existem forças distintas que agem ao mesmo tempo, como forças-espirais centrífugas, que tendem a se afastar do seu núcleo, e também como forças-espirais centrípetas, que tendem a aproximar-se do seu núcleo. Em grande parte essas forças agem simultaneamente e constantemente. Essas energias contrastantes são protagonistas divergentes pelo conflito de interesses contextualizados nesse microcosmos, fazendo as favelas "girar em falso". Isso porque ficam à mercê do tempo ou na expectativa de uma intervenção, quando não autogestionadas. Convivem o bem com o mal, convivem a oportunidade (ou o que restou dela) com o seu risco correspondente.

A respeito do desconstrutivismo (conceito original de Jacques Derridà) (Arantes, 1995, p. 69), relata a imaterialidade de uma arquitetura em abismo, labiríntica, incompleta, gratuita e sem fruição, quando muito destinada a provocar no observador um sentimento de estranheza e, no usuário desprevenido, a curiosa convicção de ser um intruso, como intencionalmente o fez o arquiteto Frank Ghery, ao projetar o Museu Guggenheim, em Bilbao (Espanha), como exemplo de representação da possibilidade de um "jogo" de tramas, ou seja, a desarmonia e o retalhamento do sistema morfológico (formas) considerado padrão, tendo em vista a sua descontinuidade, a sua ruptura, registrando a sua definição identitária.

✦ ✦ ✦

    Seria o desconstrutivismo, a favela do espetáculo?
    Seria a favela, o desconstrutivismo do espetáculo?
    Seria o espetáculo, o desconstrutivismo da favela? Desconstroem-se e reconstroem-se as favelas?
    Ou desconstroem-se e reconstroem-se o espetáculo?

✦ ✦ ✦

Essas reflexões fazem das favelas exemplos das relações "desconstrutivistas" presentes entre o formal e o informal, entre a cidade consumida e o que restou dela (ou o que não interessa dela ou o que dela foi esquecido – abandonada, taxada de vazio urbano ou reservada, especulada!).

Assim um fator que se torna evidente nessa complexa rede de motivos e efeitos que se chama favelização é o "olhar", pois a sua dinâmica é marcada por densidades diferentes, tanto internas como externas, isto é, sob a ótica de dentro para fora e a de fora para dentro, portanto a cidade formal vista pela informal e vice-versa. Essa ótica dual pode ser um dos agentes causadores dessa atrofia social, econômica, cultural e ambiental, uma vez que ao segregar complexidades opostas (preconceitos com dois vetores de direção: o interno e o externo respectivamente), a cidade não se desenvolve e o que é pior cobre-se com um véu de preconceitos. Essa visão sobre o problema aqui em foco é merecedora de um maior grau de aprofundamento científico, porém é possível minimamente ser usada para formar, inicialmente, um imaginário coletivo, como o visto através de uma gota de óleo inserida em uma bacia de água. Concluiremos que água e óleo não se misturam.

Essa mesma observação dá origem a outra perspectiva, como o percebido no encontro das águas do rio Negro (escuras) e do rio Solimões (claras), que se misturam após "se compreenderem e se entenderem", ou seja, após um ajuste de discurso, uma compreensão, uma sintonia e um pacto, ou melhor seria dizer uma inclusão, pois não perdem, não simplesmente abandonam suas características, mas modificam, transformam pela soma, e temos o rio Amazonas.

❖ ❖ ❖

Uma favela, situação extrema quando comparada com a representação de um tumor (a que nos referimos logo no início dessas metáforas conceituais), faz reagir, caso contrário permanece a indiferença, a falta de sensibilidade.

❖ ❖ ❖

Sob essa perspectiva causa indignação, assim como também deveria chocar. Isso não pela existência de seus moradores, seu maior "subproduto", mas pela sua desconstrução e degeneração, ou seja, por não apresentar as condições de infraestrutura básicas, bem como por não oferecer os serviços que são peculiares aos moradores de um aglomerado urbano. Justificam desse modo a insustentabilidade e a vulnerabilidade da cidade como um todo, em função do crescimento desordenado que invade o organismo urbano (assim como células cancerígenas podem invadir o organismo humano) e penetra por todas as rupturas das redes sistêmicas que organizam uma cidade.

✦ ✦ ✦

Ainda, nesse contexto, podemos perceber a favelização como um fato social e as favelas como uma morfologia social (uma forma que expressa uma condição social).

✦ ✦ ✦

Embora sejam agentes regulares da vida social, pois, de um lado, são fatos que podem ser considerados "normais". No entanto a proliferação e a somatória das favelas podem levar à anulação das estruturas de uma cidade, não porque ali se generaliza somente o negativismo que se estende ao ser humano, e por extensão ao seu espaço, mas porque impossibilita pela sua estrutura a satisfação das necessidades ambientais, políticas, sociais e econômicas inerentes ao ser humano, pois o processo de favelização culmina na apropriação do espaço.

Assim, as favelas, que "medem" a perda de governabilidade pela permissão de sua existência ou pela omissão de ações neutralizadoras das causas sociais geradoras, colocam, consequentemente, a "recuperação da governabilidade" no eixo central da questão, uma vez que na sociedade deste terceiro milênio a capacidade governamental será cada vez mais mensurada pela condição de oferecer soluções e encaminhar a gestão da coisa pública e da situação política baseada em uma comunicação efetiva com a base da sociedade (Dowbor, 1999b, p. 353).

Olhando a urbanização sob essa perspectiva, estaremos, segundo Dowbor (1999b, p. 357), nos próximos anos, frente à "autorregulação sistêmica descentralizada, [pois] O caráter sistêmico do *habitat* urbano nos obriga a nos organizarmos e desenvolvermos novos instrumentos de gestão social" (Dowbor, 1999b, p. 372).

Logo, o gestor urbano tem como desafio transformar as "incertezas" (que povoam os sistemas municipais tanto quanto à arquitetura como quanto à condição de inclusão em seu sentido mais amplo) do sujeito cidadão num modelo probabilístico sob o enfoque sistêmico de planejamento, com a intenção de trazer ao conhecimento de todos os setores da população (e da própria administração) as possibilidades dos fatores não desejados ocorrerem no perímetro urbano. Essas incertezas implicam em tomadas de decisões em relação a situações em que os riscos da probabilidade de ocorrência de fatos não desejados, como as favelas, sejam inerentes. Elas (as incertezas) também influem no resultado final de um processo, portanto, há necessidade de identificarmos e quantificarmos os riscos, estabelecendo estratégias que permitam a prevenção, a minimização e, ou, a diminuição dos efeitos associados a esses riscos (Silva, 1999).

Vamos lembrar que, na leitura que estamos fazendo nesta obra, o conceito de "riscos" os associa ao conhecimento das probabilidades associadas às entradas e aos parâmetros do sistema criado pelo planejamento urbano ou pela gestão urbana. Assim como as "incertezas" são definidas com a impossibilidade de determinar os preceitos que regem a aleatoriedade das entradas e dos parâmetros.

Igualmente básico é lembrarmos que, uma vez que entendemos por "ação preventiva" a ação para eliminar a causa de uma potencial não conformidade (não atendimento a um requisito ou uma variável) ou outra situação potencialmente indesejável, prevenindo a sua ocorrência (ABNT, 2004) e considerando que uma favela pode ser tratada como um resultado de gestão não preventiva, quanto menor for a sua incidência, mais confiável poderá ser o sistema ambiental urbano.

Recorremos aqui novamente à analogia com um tumor, pois quando diagnosticado exige longos e custosos tratamentos, interferindo diretamente no paciente e indiretamente na família deste, não obstante quanto mais cedo o câncer for diagnosticado, maior a chance de ele ser curado.

Como metáfora, uma favela, semelhante ao tumor, quando vista sob o enfoque sistêmico, simboliza a fragilidade de uma cidade que não oferece os cuidados necessários aos seus integrantes e o pior simboliza a falência das trocas no espaço público. Nesse caso, os favelados são os pacientes, enquanto a família é a sociedade como um todo, isto é, o Estado, o Mercado e a Sociedade Civil Organizada.

capítulo cinco

A gestão preventiva

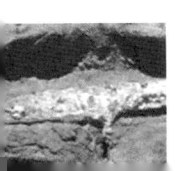

Existiria um modelo de urbanismo preventivo, considerando as situações de vulnerabilidade e os processos geradores do fenômeno de favelização?

Seria possível intervir no "grau zero*" de existência de uma favela?

◆ ◆ ◆

O que sabemos é que quanto maior a incerteza, maior o risco!

◆ ◆ ◆

Alguns exemplos de GESTÃO PREVENTIVA, envolvendo riscos, podem ser vistos em aplicação, como, por exemplo, o Centro de Gerenciamento de Emergências de São Paulo, que atua na prevenção de enchentes, ou o Sistema de Vigilância da Amazônia – Projeto Sivam. Este último compartilha uma base de dados visando solucionar problemas futuros através do monitoramento do desenvolvimento sustentável de uma região permanentemente vigiada, controlada e fiscalizada, pois se trata de uma reserva de área que sofre com ações indiscriminadas e ilícitas e com atividades predatórias, sendo, portanto um assunto estratégico governamental.

◆ ◆ ◆

Uma favela, ou uma área que poderia se constituir como tal, não compartilha um propósito semelhante e análogo ao descrito nesses exemplos?

◆ ◆ ◆

◆ ◆ ◆

* *Grau zero*: remete ao ponto inicial da contagem dos graus ou ao ponto que dá início à escala de grande parte dos instrumentos de medição, portanto corresponde, ao falarmos em risco de favelização, ao momento ou ao estágio de urbanização em que as condições para o nascimento de uma favela são detectadas, mas ainda não a constituíram. Ou seja, há um grupo de pessoas desassistidas, mas ainda não ocorreu uma sinergia suficiente para formar a favela. É considerado o grau ideal para uma gestão preventiva.

5.1 Favelização: processo de risco

O *Guia para Elaboração do Plano Diretor Participativo* (Brasil, 2004b, p. 27) esclarece muito apropriadamente que formular e pactuar propostas são um grande desafio para a gestão urbana, a qual deve ter a capacidade de intervir sobre todos os aspectos prioritários. Destacamos nessas circunstâncias que estrategicamente a proposição de um instrumento de gestão preventiva para o desenvolvimento local sustentável é importante na medida que o município possa enfrentar um tipo de problema como o da favela no seu grau zero de existência, com rapidez e eficácia.

A priori deve-se medir, monitorar e controlar as variáveis determinantes das condições geradoras da situação de vulnerabilidade e, portanto, do risco, desse processo sistêmico e sinérgico (e não controlar os seus efeitos). Atividade que, depois de conhecidos os fatores de causa, pode ser materializada através de um Sistema de Informações Georreferenciado (SIG), onde podem ser tomadas contrapartidas para que haja uma neutralização, balanceamento e equalização desses fatores, mantendo o equilíbrio e a sustentabilidade da cidade. Como, por exemplo, o policiamento dos vazios urbanos suscetíveis, o impedimento das invasões, a anulação da mobilização social contraventora, a oferta habitacional, a oferta de trabalho, entre outros tantos aspectos do cotidiano citadino.

♦ ♦ ♦

> Torna-se primordial entender por que a favelização constitui-se como um risco à urbanização e como é possível analisá-la nessa condição.

♦ ♦ ♦

Diante desse contexto, registramos alguns conceitos da Análise Preliminar de Risco de Favelização (APR), que são:
- o risco é o de favelização, ou seja, da inter-relação de processos da gestão urbana não preventiva;
- o efeito é uma favela;
- os aspectos do risco são as dimensões variáveis analíticas de um determinado sistema ambiental urbano, assim como os seus protagonistas;
- os fatores de causa são as vulnerabilidades dos aspectos de risco;
- as ações preventivas são os controles dos processos.

✦ ✦ ✦

O que é necessário questionar é: qual é o grau zero de existência das causas da raiz do problema ou do risco de favelização? Também se faz indispensável observar, nos planejamentos de gestões urbanas, se há mapeamento e controle dos processos (*inputs* e *outputs* dos subsistemas), ou seja, dos aspectos do risco.

✦ ✦ ✦

O detalhamento de uma APR que contemple esses quesitos exige um maior aprofundamento científico, interdisciplinar, o que requer neste momento a reserva dessa etapa de trabalho para uma futura aplicação, pois o que esta obra estabelece é um ponto de partida para o estudo de "análise de risco", a partir das conjunturas do embasamento conceitual aqui exposto.

Vamos lembrar que esta obra trata (tem o propósito ou foco) do tema que é a sustentabilidade urbana a partir de um olhar reverso, ou seja, através do questionamento se existe sustentabilidade urbana quando uma cidade apresenta a existência de favelas.

Uma favela é uma sinergia, isto é, um conjunto de elementos inter-relacionados, dinâmicos e irreversíveis. Para minimizar seus fatores de causa, e preveni-la, é preciso atingi-los na raiz do problema, fator por fator, e não na sua resultante morfológica (fato físico), ou seja, o espaço territorial e arquitetônico ocupado.

Favelas representam o descompasso entre as dimensões variáveis analíticas do sistema orgânico que é uma cidade. É necessário investigar, portanto, sobre as relações existentes (a raiz do problema), e não simplesmente assumir a morfologia (o espaço urbano construído caracteristicamente como favela) e remediá-la.

Assim, uma vez que estejam os problemas identificados, com seus fatores e resultantes, vivemos nas cidades a tentativa de um autoconhecimento enquanto sociedade, para que dessa maneira possamos buscar indícios para serem direcionadas as soluções dos problemas urbanos. Se, como um fenômeno e fato, a favelização simboliza a incapacidade de se manter um organismo, que é a cidade, em equilíbrio e sob "controle", aplica-se então o princípio da prevenção, a que já nos referimos, para que os fatores das disfunções sejam inicialmente minimizados e para que num próximo momento possam ser evitados.

Esses fatores, uma vez qualificados e quantificados, "desenham", ou seja, revelam os vetores contrários ao desenvolvimento sustentável. Assim expõem os motivos, as causas, representados por indicadores que, "congelados", permitem registrar as circunstâncias do surgimento deste cenário (a favela) humilhante, sob o ponto de vista da satisfação das necessidades humanas, pois é um espaço que não permite qualquer tipo de desenvolvimento. Esse processo de análise é importante, ou melhor, essencial, pois desvenda as inúmeras situações, tanto no que se refere as suas dimensões biológica, cognitiva e social (incluindo-se aqui o enfoque cultural) que em suas tramas, isto é, ao se inter-relacionarem criaram esse contexto.

Através desses procedimentos é possível imaginar um determinado município declarar oficialmente, ou seja, reconhecer o processo de favelização em seu espaço urbano quando do surgimento de sua primeira favela, mapeando-a. Dessa maneira poderá registrar e congelar a situação, isto é, as circunstâncias que modelaram o despontar dessa favela.

✦ ✦ ✦

Essa situação almejada, desejada pelo conceito de desenvolvimento sustentável, nos leva a um questionamento, ou seja, nesse estágio do processo de desenvolvimento urbanístico, as condições existentes (*status quo*), detectadas pelos indicadores de desenvolvimento sustentável desse município, permitem que, então, possamos relacioná-los entre si, e a partir da fusão e da sinergia (aspecto da ação ou esforço simultâneos) deles, correlacioná-los com o processo de desencadeamento de favelas, devido o surgimento dessa primeira favela?

✦ ✦ ✦

O que podemos observar é que uma vez dominados, através do reconhecimento de sua existência, os fatores de causa desse processo, a condição propiciadora do risco de favelização é enfatizada e enfrentada. Na prática essa postura, ou esse procedimento, permite que com a análise de tais fatores seja instrumentada a gestão urbana, através justamente da análise dessa modalidade de risco.

Todavia, a proposta de um modelo de prevenção de favelas ou de um programa integrado de análise e controle de risco de favelização deve ser uma atitude, um posicionamento, um choque de ética e um choque de gestão, além de uma política estruturante que também pode ser vista como um mecanismo de defesa civil em longo prazo, efetivado por um instrumento de gestão urbana. Mas, acima de tudo, deve estabelecer o marco de um novo horizonte utópico. Sendo assim, justifica-se uma abordagem científica pela introdução do conceito de ANÁLISE DE RISCO DE FAVELIZAÇÃO, mediante o reconhecimento dos conceitos estruturantes que o definem.

Sendo assim, a ANÁLISE DE RISCO DE FAVELIZAÇÃO é um ferramental de gestão urbana que objetiva estruturar e valorizar o conceito de gestão de risco aplicado através de um modelo gerencial do conjunto de ações preventivas contra o desencadeamento de favelas, sob um enfoque sistêmico.

O que ocorre, nesse tipo de procedimento, é que a dinâmica analítica das relações entre as demandas (ambientais, socioeconômicas, socioespaciais, de infraestrutura e de serviços públicos e institucionais) e as ofertas correspondentes, através de tal análise, geram uma dimensão informacional e de tempo – que requer uma tecnologia apropriada voltada à prevenção e à correção – norteadora da valorização (ou seja, do reconhecimento dos valores de que é dotado esse aglomerado urbano, principalmente culturais) da entidade chamada favela, onde se situam os favelados.

Assim, na gestão desses aglomerados urbanos, que pelo simples fato de existirem já denunciam a insustentabilidade urbana, aplicam-se programas de intervenção, inclusive amparados pelo *Estatuto da Cidade* (Brasil, 2002) (Lei nº 10.257/2001), sem que seja analisado o real potencial de desfavelamento (reurbanização e regularização) desses programas. Por outro lado, devemos reconhecer que é indiscutível a necessidade de tais programas, pois possibilitam que as favelas não fiquem no esquecimento, principalmente nos municípios que as enxergam ou classificam como algo dentro de um padrão de "normalidade". No entanto, as favelas representam, para os municípios que as assumem, um *status* oneroso, pois se expressam como consequência ou evidência de uma má gestão e do mau uso da cidade.

♦ ♦ ♦

> O que foi observado é que quanto maior o risco, maior o processo de favelização. Nesse contexto, a favela torna-se um símbolo que é usado como unidade de medida do equilíbrio ou desequilíbrio das forças atuantes (partes) que caminham para o caos, ou seja, significa a vulnerabilidade de um determinado sistema ambiental urbano.

♦ ♦ ♦

Quando o risco atinge o limite e passa a ser altíssimo, maior é o custo envolvido. A partir do momento em que existe o risco, mesmo que baixo, a gestão urbana dar-se-á não mais pelo equilíbrio, mas sim por processos de reequilíbrio. O planejamento é o instrumento de conscientização dessa condição anterior de desequilíbrio, e a equalização, ou seja, a redução das distorções ou o reequilíbrio das partes é a gestão propriamente dita. Para que esse processo seja possível é necessário aceitar a favela, mesmo que isso signifique assumir os erros anteriores. Todavia, parece não haver alternativa, uma vez que a favela existe, é preciso administrá-la socialmente, economicamente, politicamente, culturalmente e espacialmente.

Nesse cenário, o que vemos é que, via de regra, a gestão urbana tornou-se um mecanismo para o agir remediador, pelo caráter complexo, ou seja, devido ao gesto político que requer visibilidade, devido ao conflito de interesses dos protagonistas que vivenciam as cidades e devido à inviabilidade financeira de configurar e reconfigurar o conjunto sistemático de intervenções extirpadoras. Assim, a somatória dos processos socioeconômicos estigmatizados pelos fenômenos sinergéticos e endêmicos, como as favelas, tornam estas irreversíveis quanto à sua extirpação, pela saturação e distribuição espacial, pois, enquanto algumas são integradas pela reurbanização, outras já proliferam, bem como também pela natural lentidão de tal processo, devido às demandas (necessidade de programas de inclusão, de assentamentos assistidos) serem em maior número que as ofertas.

✦ ✦ ✦

É, portanto, dentro de tal ambivalência entre o ideal a ser alcançado e a realidade permitida pelos fatores culturais, sociais e econômicos que cada vez mais se retalha este mosaico não compreendido como um todo orgânico e articulado que é a cidade.

✦ ✦ ✦

5.2 Até quando será aceito este atual modelo de gestão urbana?

Não é mais possível permitir que uma cidade entre em colapso a partir do crescimento de um "tumor", se assim for considerada uma favela. O pior e mais enganoso é pensarmos que ao isolarmos esta com barreiras físicas, como muros, estaremos impedindo a sua expansão. O fato é que, enquanto o desenvolvimento sustentável não for norteado por políticas estruturantes sustentadas por indicadores e pela engrenagem desses como um organismo coeso e harmônico, tais problemas continuarão a espalhar-se. Temos que enfrentar esse problema, mesmo que saibamos o seu alto custo, por intermédio de soluções que não contemplem intervenções apenas no quesito habitação, ou no saneamento básico, por exemplo. Dessa maneira, compartimentada, sem considerar todas as variáveis envolvidas, sem um processo de inclusão social e econômica, este problema cruel apenas está sendo adiado para as futuras gerações.

Nesse contexto, a perspectiva é que essa situação venha a afligir grandes metrópoles, médias ou mesmo pequenas cidades, principalmente aquelas que descortinam um futuro cheio de reais oportunidades, segundo as suas características vocacionais, pois não estamos, com ações isoladas, atingindo as causas "raiz".

Dentro desse quadro de relações doentias a que nos referimos, se não bastasse a falta de conhecimento e controle das variáveis que permitem o nascimento de favelas, ou a sua "imposição" devido ao conflito de interesses, outras favelas podem surgir ou ainda algumas outras renascerem.

O fato é que não temos um quadro claro da real situação nos vários níveis administrativos do Brasil (municipal, metropolitano, regional, estadual e federal). O que observamos é que programas de intervenção são executados dando as costas à própria história e ao *know-how* existente, mesmo que para estes não seja recomendada a sua reaplicação, pois assumiriam, metaforicamente, um caráter de "enxerto de tecidos diferentes". Outro fator observado é que os programas de intervenção em aglomerados urbanos acabam ficando mais associados à imagem de uma determinada gestão política.

Assumir a complexidade e a interdisciplinaridade que envolve a busca pelas soluções desse tipo de problema, já é um começo. Sendo assim, os "partidos" adotados devem ser revistos pela ótica sistêmica e pela compatibilização de todos os aspectos que "desenham" o cenário urbano, através de ações integradas eficientes. Cenário no qual a favela é símbolo da segregação e da exclusão, pois representa uma estrutura social desconsiderada, desconectada, desconfiada, tratada como "corpo estranho", onde o preconceito "fala" mais alto, configurando um microcosmo que se sustenta e se contextualiza dentro do próprio cenário.

A favela representa um núcleo surgido em função das expectativas não correspondidas, que se materializam em forma de risco, que se não forem absorvidas pela capacidade de suporte da cidade se desenvolvem e "contaminam" a rede interna e, posteriormente, a cidade como um todo. Paralelamente, buscam-se saídas que determinem a quebra do círculo vicioso que é o ressurgimento das favelas. Pois, por outro lado é possível instituir políticas públicas estruturantes, cuja característica é considerar esses microcosmos (favelas) os contextualizando no universo de diferenças – sociais, econômicas, políticas, culturais-ideológicas e espaciais – que é uma cidade.

✦ ✦ ✦

Torna-se claro que, de fato, existem estes dois caminhos: o de prevenir e o de planejar, ou o de remediar e o de corrigir. Essa segunda opção de gestão é a mais institucionalizada pelos grandes centros urbanos, amparada legalmente e com o aporte financeiro internacional.

✦ ✦ ✦

Na cidade sempre existe o inevitável paradoxo, fruto da relação pujança *versus* sofrimento ou riqueza *versus* pobreza, onde uma favela é a materialização simbólica de uma grande anomalia do atual modelo de planejamento e gestão urbana.

Assim, a cidade passa a "lutar" contra a favela, pois elas são os bastidores da cidade, os locais de encontro entre as expectativas frustradas e os riscos inerentes, podendo tal vulnerabilidade do sistema ambiental urbano levar a uma falência múltipla dos seus órgãos estruturantes, aqueles que dão sustentação a sua organização e, consequentemente, perpetuar o caos urbano.

A "promiscuidade simbiótica social" (ou talvez fosse melhor dizermos a convivência muito próxima e desordenada com todos os tipos de pessoas com as mais diversas e conflitantes culturas e aspirações), resultante da somatória dos fatores que concorrem no funcionamento da "máquina" chamada cidade, torna esta mais suscetível, tendo como efeitos colaterais disfunções, anomalias, problemas, males, erros, calamidades e tragédias artificiais, isto é, aquelas causadas pelo homem.

As relações "doentias" entre o público e o privado, entre o Estado e a sociedade e entre as classes sociais norteiam a relação entre as "ofertas" (quantidades de bens ou serviços colocados à disposição da população) e as "demandas" (necessidades da população). Esse fato evidencia a vulnerabilidade e a fragilidade da cidade. No entanto, elas (as relações) são passíveis de serem equacionadas, desde que a gestão tenha como meta o equilíbrio considerando o limite máximo da cidade, isto é, a sua capacidade de suporte e atendimento às demandas e às ofertas, coerente com a sua realidade orçamentária.

❖ ❖ ❖

> O efeito dessa inter-relação de processos (favelização) potencializa a formação de espaços urbanos que são o resultado de segmentos indicativos (vetores) que não condizem com a finalidade de socialização inerente à cidade. Surge, assim, a favela.

❖ ❖ ❖

Esse entendimento do processo é possível sob o enfoque sistêmico, isto é, quando consideramos como fatores de causas originárias a não equivalência entre as dimensões variáveis analíticas desse sistema, ou seja, entre as práticas econômicas, as práticas políticas, as práticas culturais-ideológicas e o espaço constituído, aspectos esses que atuam como modificadores da paisagem natural, onde o homem assume o papel institucional, isto é, o de estabelecer as regras e suas relações circunstanciais. Sob essa perspectiva é o "indivíduo" o único indutor e protagonista e é esse enfoque que queremos realçar neste estudo, pois acreditamos que a partir daí seja viável um outro paradigma para uma nova gestão urbana, alinhada a *Agenda 21**, a qual, conforme Novaes (2007),

> culmina um processo de 20 anos de iniciativas e ações de âmbito local, regional e internacional, para deter e reverter a constante degradação dos ecossistemas vitais para a manutenção da vida, bem como alterar as políticas que resultaram em brutais desigualdades entre os países e, no seio das sociedades nacionais, entre as diferentes classes sociais.

Sob essa perspectiva, a existência de uma favela não se testemunha pelo "simples" fato da existência e da permanência de um déficit habitacional ou pela ocupação irregular de áreas de terceiros, mas, sim, pela somatória de fatores de causa de favelização que constituem um conjunto inter-relacionado de processos, cujo estado inicial é a necessidade humana de satisfazer as suas demandas individuais e dos grupos, devido à natural incompletude do ser.

♦ ♦ ♦

* "Discutido e aprovado durante a Conferência das Nações Unidas sobre o Meio Ambiente e o Desenvolvimento (CNUMAD, Rio de Janeiro, junho de 1992), a *Agenda 21* constitui um programa a ser implementado ao longo do século XXI pelos governos, em todos os seus níveis, pelas ONGs e demais instituições da sociedade civil, com o apoio das Nações Unidas, e pelas demais instituições multilaterais e nacionais de fomento ao desenvolvimento socioeconômico." (Novaes, 2007).

Aqui cabe uma interrogação que acreditamos seja esclarecedora: QUAIS SÃO OS DESEJOS? É possível acreditarmos que o camponês ou o indígena que vem para a cidade (e acaba acomodando-se em uma favela) esteja a procura simplesmente de espaço físico? Ora, seria muito infantil, pois espaço físico ele tem muito mais em seu ambiente de origem do que no espaço urbano.

Portanto, a etiologia do processo de favelização, ou seja, as causas e origens desse fenômeno encontram-se na formação histórica e antropológica dos assentamentos humanos, distintos pelos seus rastros de formação, pelas suas especificidades locais e por suas vocações individuais e/ou coletivas. Logo o primeiro obstáculo a ser vencido, na gestão que visa a sustentabilidade urbana, é a falta de conhecimento dos gestores das cidades sobre o território sob suas responsabilidades, o que implica na total falta dos dados que alimentam os instrumentos de gestão de cada fenômeno urbano.

É necessário que tenhamos presente o conceito que a prevenção é a eliminação das causas de uma situação desfavorável, devido ao não atendimento de requisitos mínimos, antecipando-se à sua ocorrência. Assim, a gestão preventiva integrada do ambiente público é a regulamentação dos interesses coletivos, neutralizando as contradições de uma formação social assimilada de um sistema que se reproduz indefinidamente, protagonizado pelo Estado, pelo Mercado e pela Sociedade Civil Organizada, em contrapartida às ações paralelas do Quarto Setor – o "contraventor", isto é, a população excluída dos benefícios oriundos da infraestrutura urbana, ou até autoexcluída.

Os protagonistas do sistema ambiental urbano são, portanto, catalisadores ou dinamizadores desta inter-relação de processos conflitantes, materializados pela construção do espaço que se apresenta sob uma morfologia particular devido às suas características próprias. ASSIM, CADA FAVELA É ÚNICA.

Considerando os conceitos descritos e os indicadores explicitados, a ANÁLISE DE RISCO DE FAVELIZAÇÃO é um instrumento favorável para a gestão urbana sustentável, pois seu conceito traz para debate os aspectos a serem abordados no planejamento e na gestão dos municípios que ainda não sofrem com o processo de favelização. Esta análise depende, a priori, da ANÁLISE DE RISCO DO SISTEMA AMBIENTAL URBANO, já que a favelização é um tipo de problema com variáveis complexas que interferem nesse sistema. No entanto, para que esta análise possa vir a se afirmar como um instrumento de gestão urbana ela deve partir da ANÁLISE DA SUSTENTABILIDADE DO DESENVOLVIMENTO LOCAL, sob um enfoque sistêmico.

Enfoque sob o qual a gestão urbana engloba outras gestões, como a social e a ambiental, simultaneamente. É possível então perceber que a gestão urbana é a gestão da complexidade, das diferenças e da interdisciplinaridade e, pela falta de total controle das variáveis – fatores de causa de favelização –, existe um risco real das favelas se manterem como resultantes desta falta de controle, ou melhor, desta incapacidade de gestão.

Assim, a análise de risco surge como uma necessidade de construir um sistema de indicadores para a visualização, monitoramento, controle e simulação de articulações entre as variáveis que interferem no sistema ambiental urbano, visando instituir cidades socioeconômicas, ambientais e politicamente responsáveis, com o único objetivo de minimizar riscos e evitar perdas humanas, ambientais e materiais. Com esse procedimento, o afunilamento das incertezas ficará mais transparente, tornando-se claras e percebíveis as evidências das responsabilidades.

Esse entendimento é importante em função da possibilidade de se tornar um modelo gerencial do conjunto de ações preventivas contra o desencadeamento do processo de surgimento de favelas em cidades, bem como, pela possibilidade de se tornar um possível modelo de gestão minimizadora de favelas já existentes, em paralelo à gestão de potencial de efetividade de programas de intervenções corretivas (programas de reurbanização).

capítulo seis

Urbanismo heterodoxo*:

resposta à gestão unidimensional da insustentabilidade urbana

❖ ❖ ❖

* Aqui o termo caracteriza o *urbanismo* que "contraria padrões, normas ou dogmas estabelecidos (em certo domínio)" (Houaiss, 2001), pois está aberto a novas influências e perspectivas, busca por soluções que extrapolem o limite do habitual, seja em relação a concepções, valores ou formas.

São muitas as indagações! Esta é urgente. Permitir o surgimento de uma favela e a sua perpetuação configura-se como um ato de negligência e de irresponsabilidade, ou de improbidade administrativa?

A inter-relação de processos que culminam no processo de favelização, dimensionados (aqui utilizamos os conceitos que servem de parâmetros para o enfoque sistêmico da sustentabilidade urbana) pelas práticas econômicas, pelas práticas políticas, pelas práticas culturais-ideológicas e pelo espaço constituído, são fenômenos sociais e, como tais, não podem ser produzidos artificialmente e muito menos serem tratados através da modificação técnica das formas espaciais resultantes, ou seja, a dimensão física desta realidade: AS FAVELAS.

É necessário que a cidade assuma a favela como um grave problema urbano a ser resolvido, ciente das qualidades dos seus maiores subprodutos, que são os seus moradores e a sua rede, que se revelam potenciais reestruturadores sociais, aqueles que têm a condição de serem agentes das dimensões práticas a que nos referimos como parâmetros que definem e determinam a sustentabilidade urbana.

6.1 *Premissas conclusivas*

Prevenir favelas significa atender as demandas de um determinado sistema ambiental urbano, na raiz das suas causas determinantes (na origem do problema considerando os aspectos biológicos, cognitivos, sociais, econômicos e culturais) e na inter-relação (comunicação) dessas causas que se fundem e, em um movimento coeso e simultâneo (sinergia) de indivíduos que assim modificam o espaço, constituindo-o a partir das suas variáveis que, na contextualização estruturam a base conceitual com os parâmetros a serem medidos, monitorados e controlados, a partir de sua leitura e interpretação, balizando a proposição de medidas mitigadoras que visam equilibrar determinado sistema e, principalmente, satisfazer às necessidades humanas, individuais e em grupos, mediante a transformação da natureza, portanto interferindo na paisagem urbana tanto em seu aspecto físico quanto cultural.

A ANÁLISE DE RISCO DE FAVELIZAÇÃO apresenta-se como um instrumento de gestão do desenvolvimento local sustentável, na condição de uma inter-relação matricial que se configura como uma estruturação de uma base conceitual a partir dos compromissos firmados pela *Agenda 21*, portanto segundo um enfoque sistêmico que considera uma cidade a partir dos seus protagonistas e das suas práticas econômicas, políticas e culturais-ideológicas, constituindo dessa forma o espaço físico do território urbano, pois cabe ao indivíduo a conformação, a arquitetura desse espaço no aspecto objetivo e subjetivo.

Consideramos que a aplicação dessa inter-relação matricial permite identificar as variáveis que determinam a formação de favelas, sendo que essas mesmas variáveis podem estabelecer indicadores de desenvolvimento sustentável e, pela sua contra-análise, estabelecer os indicadores correspondentes de vulnerabilidade e, consequentemente, os indicadores de risco diante do processo de favelização.

Assim, visando conceber um possível modelo de mecanismo preventivo de análise de gestão urbana, focalizado no processo de favelização, estruturamos uma base conceitual instrumental e aplicativa (essa foi a nossa proposição). Sendo que o produto global apresentado não é o modelo em si, e sim, o ponto de partida para a sua modelagem, sustentado por um arranjo de insumos conceituais, ou seja, um conjunto de elementos processuais inter-relacionados que constituem as definições de variáveis possíveis de um determinado sistema ambiental urbano.

Nesse intento, observamos que para aplicar o instrumento preventivo de gestão urbana faz-se necessário solidificar uma base conceitual que estruture as variáveis denominadas, o que implica, porém, em uma análise conclusiva modelável pela inexistência de uma medição e de uma avaliação na sua individualidade, pela inexistência da estrutura que defina cada indicador, bem como na necessidade de um domínio sobre as informações que a devam estruturar e o como coletá-las sistematicamente.

Nesse percurso, ainda percebemos que para a verificação e aplicabilidade da GESTÃO URBANA PREVENTIVA, faz-se necessário aplicar o modelo no seu conjunto, inicialmente em forma de estudo de caso, além disso, para a sua replicabilidade, faz-se necessário testar sua aplicabilidade em situações reais, inicialmente mensurando, avaliando e controlando as variáveis e, posteriormente, padronizando e normatizando as variáveis desejáveis que concorrem para a otimização dos resultados, desde que o possa ser feito, pois se trata de atuar dentro de um fenômeno social. Portanto, a sua replicabilidade depende da confirmação da eficácia deste instrumento analítico, como um modelo de ferramenta de gestão urbana, focalizada na prevenção de favelas a partir do controle da inter-relação de processos que levam ao risco de favelização. Razão pela qual esse instrumento preventivo de gestão urbana, denominado ANÁLISE DE RISCO DE FAVELIZAÇÃO, somente poderá receber o título de "modelo" e ser implementado quando houver uma clara definição qualiquantitativa de suas variáveis.

Esse panorama, levantado nesta obra, demonstra, por sua vez, que se faz necessário ter respostas a várias demandas para prevenir os problemas do "sistema ambiental urbano". Por exemplo:

1. Quais elementos variáveis de real incidência determinam cada setor do sistema ambiental urbano e cada protagonista de cada setor, bem como cada grau de participação destes protagonistas, estruturando os seus indicadores correspondentes?
2. Quais elementos variáveis de real incidência determinam cada dimensão variável analítica de um determinado sistema ambiental urbano, ou seja, qual a configuração das "práticas econômicas", das "práticas políticas", das "práticas culturais-ideológicas" e do "espaço constituído", e qual o seu indicador correspondente?
3. Qual metodologia define quem são os protagonistas e qual o seu grau de participação em cada dimensão variável analítica relacionada a cada compromisso?
4. Quais variáveis de real incidência concorrem para a estrutura

conceptiva do indicador de desenvolvimento sustentável de um sistema ambiental urbano, formado por cada indicador de desenvolvimento sustentável, num total de 108 indicadores, a partir dos compromissos firmados pela *Agenda 21*?
5. Quais variáveis de real incidência concorrem para a estrutura conceptiva de cada indicador de vulnerabilidade do sistema ambiental urbano, focalizado no risco de favelização, num total de 108 indicadores (contravetores) de desenvolvimento sustentável?
6. Quais variáveis de real incidência concorrem para a estrutura conceptiva de cada indicador de risco do sistema ambiental urbano, focalizado no risco de favelização, num total de 108 indicadores?

Ao buscarmos novos vetores para desenhar o espaço urbano, concluímos que a humanidade contemporânea dispõe de informações e conhecimentos interdisciplinares, porém os mesmos não são costumeiramente aplicados por intermédio de instrumentos de gestão urbana, que customizam esses dados na prática pela falta de cientificidade e pela inexistência de modelos científicos aplicativos. Isso implica em que o nosso maior desafio seja a futura aplicabilidade de um instrumento de gestão proposto a partir dessa base conceitual estruturada.

♦ ♦ ♦

Dessa maneira, o desafio está na possibilidade de implantação de AÇÕES PREVENTIVAS SISTÊMICAS, visando minimizar e reter o desencadeamento do processo de favelização nos municípios que se desenvolvem.

♦ ♦ ♦

O fato é que para se desenvolver com sustentabilidade é necessário atender as demandas materiais, sociais e transcendentais, individuais e em grupo, sem iludir a si e aos demais, sem comprometer os capitais disponíveis, próprios e de terceiros, num processo dinâmico e evolutivo, parametrizado pelas ciências, pelas religiões, pelas políticas e pelas artes, bem como pela filosofia. É óbvio que tudo isso faz parte dessa nova concepção urbanística, que se abre para novas influências e novas propostas baseadas na concepção de que se desenvolver é se autoconhecer, individualmente e em grupo.

Nesse contexto, em função de tais paradigmas, consideramos, até de forma enfática, que para vigorar o conceito de GESTÃO URBANA PREVENTIVA, especificamente voltada à prevenção de favelas, e viabilizá-la, beneficiando a sociedade e o meio ambiente como um todo, que é a base deste comprometimento com a heterodoxia urbanística, é imprescindível que haja:

- uma aproximação científica devido às diferenças culturais e multissetoriais presentes nas diversas áreas do conhecimento que atuam na gestão urbana;
- os rearranjos institucionais visando atender as demandas sociais "customizadas", a favor da consciência sobre a urgência da gestão urbana preventiva, especificamente quanto às favelas;
- o interesse, o fomento e o aprimoramento em pesquisas que leiam e decodifiquem favelas, proporcionando subsídios específicos para a análise e interpretação dos fatores intervenientes nos processos causadores;
- uma quantificação e um equacionamento entre as demandas com as ofertas realizadas pelo Estado e pelo Mercado, com forte participação da Sociedade Civil Organizada, em resposta às ações contraventoras;
- um rompimento das barreiras preconceituosas, favorecendo o diálogo multiclassista, através de relações socioeconômicas, políticas e culturais-ideológicas saudáveis;
- um favorecimento das potencialidades e talentos humanos menos favorecidos por intermédio de políticas públicas estruturantes;
- o reconhecimento e valorização do poder público municipal

(local), por parte das esferas federal e estadual, com voz ativa dos seus protagonistas, a favor do bem público;
- uma consciência das demandas inerentes ao crescimento econômico e dos seus riscos, sem detrimento das causas que visam de fato o desenvolvimento local sustentável.

Nesse processo que atrai para si o compromisso de viabilizar uma nova sociedade, mais justa e mais humana, comprometida com o desenvolvimento sustentável, concluímos que o maior desafio é o de aprimorar um modelo de gestão urbana preventiva, no intuito de:
- antecipar-se aos problemas experimentados e às mazelas decorrentes, monitorando o desenvolvimento sustentável, tendo como balizamento o risco de favelização (controle da incidência dos vetores passíveis de prevenção, materializados pela identificação de áreas potenciais/suscetíveis às invasões/ocupações, ou seja, espaços a serem constituídos ordenadamente), pois só se previne o que se conhece!;
- superar o conjunto de deficiências e insuficiências sistêmicas, minimizando a presente vulnerabilidade socioambiental;
- eliminar os círculos viciosos que induzem e mantêm as relações desequilibradas, não equivalentes;
- pesquisar e monitorar os fatores de causa e de risco de favelização, mediante avaliações pós-ocupação ou *ex post facto*, e mediante a análise etiológica dos processos envolvidos;
- evitar custos;
- propor um instrumento "universal", possível quanto a sua aplicabilidade e adaptabilidade (replicabilidade) em qualquer município, como subsídio de processos de planejamento, gestão e avaliação de políticas preventivas, reconhecedor das especificidades locais.

Nessa situação, o que nos chamou a atenção para o aspecto gerador de todo este estudo e de sua emergência enquanto problema a ser enfrentado, foi a percepção de que :

- uma favela, por si só, é uma unidade de medida do desenvolvimento local sustentável, e portanto um indicador de insustentabilidade ou de vulnerabilidade, urbano ;
- a estruturação do processo fenomenológico, que resulta em ações simultâneas de aglomerados urbanos (sinergias), requer ações modificadoras da realidade inaceitável e, portanto, são necessárias políticas de gestão urbana que considere suas causas e não apenas o efeito ou a favela;
- a análise de risco de favelização pode vir a ser um mecanismo instrumental para o monitoramento, a avaliação e o controle das variáveis que interferem na gestão do sistema ambiental urbano.

Em função de todos esses fatores, procuramos deixar claro, durante toda a discussão desenvolvida nesta obra, que é também imprescindível que haja uma revisão de posturas e de práticas; que haja vontade e ação; que haja transparência, responsabilidade, engajamento e comprometimento cívico, para que de fato tenhamos não somente o direito à cidade e ao desenvolvimento, mas também consciência de constantemente serem colocados em dúvida os princípios e convicções e, portanto, permitir a todos o autoconhecimento, enquanto indivíduos e enquanto membros de uma sociedade mais saudável e digna nas suas relações de trocas.

Nesse sentido, acreditamos que, se livrarmos as cidades da informalidade e da ilegalidade, estaremos promovendo os marcos legais de integração social e territorial, aplicáveis, antes que seja constituído e perpetuado um maior contingente de excluídos.

6.2 As variáveis analíticas presentes na urbanização

Entendemos que a "sustentabilidade urbana" é a sustentabilidade das inter-relações de processos de produção e de poder, que podem estagnar, declinar ou se desenvolver marcando a identidade de um determinado sistema ambiental urbano, sob os limites administrativos municipais.

É sob esse prisma que buscamos referenciais quantitativos e qualitativos na abordagem que ora fazemos, pois nos interessa uma análise que revele o desenvolvimento sustentável dos municípios com a relação otimizada entre o espaço rural e o urbano. Interessa, portanto, os aspectos referentes à implementação das ações propostas pelo plano diretor aprovado por lei, e o seu potencial de gestionar um determinado município a partir da sustentabilidade urbana, que consiste na relação otimizada entre o uso e o consumo, isto é, que as demandas sejam atendidas com as ofertas necessárias a esse equacionamento.

Adotamos a perspectiva de que a sustentabilidade urbana é dependente de uma relação otimizada de processos inter-relacionados a favor do equilíbrio das variáveis analíticas presentes na urbanização, as quais culminam em resultados espontâneos ou desejados, no entanto singulares sob a "dimensão econômica" (ou pelas ações de compra e venda, mediante a satisfação e o lucro), sob a "dimensão cultural" (ou pela manutenção de uma identidade), sob a "dimensão política" (ou pelas relações de poder) e sob a "dimensão espacial" (ou pela materialização desta complexidade no espaço físico, desfigurando o ambiente natural existente).

Por considerarmos essas características inerentes ao processo (as quatro dimensões ou variáveis expostas no parágrafo anterior), concluímos que é preciso coragem e posicionamento político para enfrentar o desafio de organizar os municípios brasileiros e a sua sustentabilidade. Isso exige políticas públicas estruturantes de longo prazo e não somente compensatórias, imediatistas, sob uma perspectiva sistêmica e transdisciplinar. Exigem-se políticas de Estado, e não políticas de governos.

O ponto de partida está em assumir a complexidade urbana pelo grande número de variáveis a serem administradas e enfrentar o desafio de querer gestioná-las visando resultados satisfatórios. Caso contrário, a realidade será cada vez mais insustentável à maioria populacional. Para essa conclusão basta observar os indicadores e as estatísticas a respeito dos problemas sociais e urbanos ou basta alguém acabar sendo vítima de uma ação violenta e irresponsável, o que por sua vez é reflexo do abandono social que é consequência do descaso para com os menos favorecidos.

Nesse contexto, alguns fatores precisam ficar claros. Assim, a concordância da existência do meio urbano só é possível pelo fato de ser aceita a existência do meio rural (e vice-versa), cujo ponto de partida é a divisão administrativa e legal dos limites municipais e, mais especificamente, da existência do perímetro urbano de um determinado município, regido por leis específicas que compõem o plano diretor. Desse modo, a territorialidade também exerce influência e gere inúmeros impactos no dinamismo da dimensão ou do subsistema socioeconômico, bem como em seus desdobramentos, seja na escala local, e/ou regional, e/ou global. Portanto, se para efeitos de gestão for diminuída a "escala de percepção territorial", o perímetro institucionalizado, formal (se também regido por lei), passa a ser o limitado por uma região urbana, ou por um zoneamento, e, subsequentemente, por um bairro, por uma quadra, por uma rua e por um lote, chegando aos limites de uma propriedade, individual ou coletiva, e, numa situação extrema, aos limites da individualidade.

No entanto, nesse contexto, o perímetro informal (o não institucionalizado, o que foge dos controles legais, ou até, administrativos) também se faz presente, como os fluxos socioeconômicos (por exemplo, um contingente populacional cujo trabalho é remunerado por um contribuinte de um determinado município, mas o beneficiário é outro município).

...

> Assim, a sustentabilidade urbana é, portanto, condicionada pela sustentabilidade humana e social, cuja "alma", ou o "espírito" do seu conceito, é norteada pelos compromissos firmados pela *Agenda 21* (Ipardes, 2001).

✦ ✦ ✦

Outrossim, a obrigatoriedade legal que dá o embasamento e que determina os direitos e os deveres da sociedade perante o uso e a ocupação do solo municipal, nos aspectos urbanos e rurais, é um fato. Para o escopo dessa obra, o conjunto de leis é tratado como um produto-fim, resultante que é de um processo metodológico de trabalho técnico e da participação popular.

Instrumentos implementadores de políticas públicas para mudanças estruturais

Como recorte para o entendimento e conceituação do que foi abordado anteriormente, adotamos o principal instrumento de política de desenvolvimento de um município: o seu plano diretor, o qual exerce a função de agente implementador das possíveis mudanças estruturais propostas pelo tema "sustentabilidade urbana". Sendo que ele se operacionaliza através de um conjunto de leis municipais originárias de um pacto público que expressa o que os munícipes almejam. Processo esse que é garantido pelo arcabouço jurídico que o legisla: o *Estatuto da Cidade*, e especificamente no Estado do Paraná, a Lei nº 15.229 (Paraná, 2006), entre outras leis setoriais.

É, pois, ao *Estatuto da Cidade* que cabe a finalidade de balizar e induzir a aplicação de instrumentos de política urbana, atendendo diretrizes como o direito às cidades sustentáveis. Portanto, é ele que fornece embasamento aos municípios, no seu papel de principal executor da política de desenvolvimento urbano, principalmente no que tange à superação de uma ordem urbanística excludente, daí a sua importância na análise do tema a que nos propomos. Ou seja, a avaliação da possibilidade de antecipação a essa ordem, tendo em vista a tendência da mesma acontecer em municípios que visam a qualquer custo o crescimento econômico e um posicionamento na mídia, atraindo e subsidiando novos investimentos. Isso mais do que uma afirmação é uma interrogação, um vislumbre, uma busca por alternativas de sustentabilidade.

Consideramos possível tal perspectiva, pois o plano diretor participativo, ao convocar toda a sociedade para se envolver no processo da sua elaboração, deve ser, depois de aprovado pela Câmara de Vereadores do Município que o está executando, implementado e gestionado por uma estrutura institucional municipal, com recursos materiais e humanos, e por meio de mecanismos específicos que possam acompanhá-lo, monitorá-lo e revisá-lo constantemente, pactuados por um conselho representativo da sociedade. Isso se faz necessário, pois o plano diretor não é um instrumento estanque e reservado, mas sim um mecanismo de ajuste e de regulamentação do uso e da ocupação do solo – se implementado – e em contínuo processo de evolução, assim como é a dinâmica de uso do espaço urbano ao se articular com o espaço considerado não urbano.

Institucionalizado pela campanha promovida pelo Ministério das Cidades, o plano diretor é adotado pelos municípios brasileiros que se enquadram nos critérios previstos desde a *Constituição Federal* de 1988, reafirmados pelo *Estatuto da Cidade*, ou seja, aqueles que possuem mais de 20.000 habitantes; integram grandes aglomerações urbanas ou regiões metropolitanas; pretendem aplicar os instrumentos específicos de parcelamento, edificação ou utilização compulsórios, bem como os impostos sobre a propriedade predial e territorial urbana progressivo no tempo e a desapropriação com pagamento mediante títulos da dívida pública. Além disso, integram áreas de especial interesse turístico e estão inseridos em áreas de influência de empreendimentos ou atividades com significativo impacto ambiental, de âmbito regional ou nacional*.

Entretanto, a obrigatoriedade da elaboração dos planos diretores é válida também para os municípios que não se enquadram naqueles critérios determinados pelo *Estatuto da Cidade*. No caso do Estado do Paraná, por exemplo, o processo de elaboração dos planos diretores municipais se coaduna com sua política de planejamento e desenvolvimento, que tem como diretriz geral a pauta da sustentabilidade, uma vez que o plano diretor, nesse estado, deve estar fundamentado segundo as reais dimensões ambientais, socioeconômicas, socioespaciais, de infraestrutura e serviços públicos, e dos aspectos institucionais, considerando as áreas de abrangência urbana, rural e regional de um determinado território.

As resultantes práticas dos planos diretores, a partir de sua implementação, ainda são uma incógnita. Por ser um processo, o plano diretor municipal não se encerra com a sua aprovação. Apenas inicia-se um novo ciclo de gestão e de aprendizado, com a implementação das leis que o regem, e com a necessidade do seu monitoramento.

O que destacamos é que da mesma maneira metodológica que se encontram em elaboração os planos diretores municipais, também poderiam estar em elaboração os planos diretores estaduais, os regionais e, consequentemente, o plano diretor nacional. Aliás, acreditamos que a execução de um Plano Diretor Nacional – concebido de forma participativa, por todos os cidadãos, contemplando o urbano, o rural, o litorâneo e as áreas de fronteira – é de fato o grande instrumento de desenvolvimento nacional. Ainda, é possível visualizarmos, através de uma política assim desenvolvida, a prática de um Projeto de uma Nação Sustentável, a partir da conscientização da realidade físico-territorial, onde são consideradas as mais variadas

❖ ❖ ❖

* Para saber mais, leia Duarte (2007).

dimensões analíticas do espaço urbano, ou seja, ambientais, naturais, sociais e econômicas.

É sob esse enfoque que na história contemporânea do planejamento urbano brasileiro, o *Estatuto da Cidade* passa a ter expressão e ser determinante na história do urbanismo ao transformá-lo em mais humano e torná-lo mais pragmático – e muito menos poético, ideológico, visionário, simbólico ou até utópico –, porquanto o aproxima do cotidiano local e dos seus atores, além de querer transformar as condições de uma realidade que não favorece o desenvolvimento municipal.

Assim, com essa visão humanista, a realidade do planejamento urbano passa a ser tratada de acordo com a realidade dos fatos e das leis, compatível com o orçamento e com a capacidade de endividamento de um município, não mais na vã filosofia de querermos criar algo que não existe, ou desproposital às condições objetivas de execução, ou deslocado das necessidades da comunidade, embora até pudesse ser um agente de mudança social. O planejamento urbano contemporâneo busca resultados práticos.

Embora esse olhar ou essa proposta urbanística, presente no atual direcionamento dos planos diretores, possa ser rotulado como uma "antítese da arquitetura e do urbanismo", pois deixa de lançar ao futuro ou de "pró-jetar" propostas de espaços adequados ao convívio social e transformadores da realidade a partir de idéias inovadoras, ele é viável sob o ponto de vista da gestão por resultados. Nele, as melhores práticas e a viabilização dos custos passam a ser favoráveis à gestão municipal, uma vez que trazem outros benefícios que enxergam a evolução cultural e endógena e, portanto, enraizada e valorizada pelo patrimônio imaterial.

É, em consonância com essa abordagem pragmática*, que focamos nossas observações nas condições da maioria dos municípios brasileiros (os de pequeno porte). No caso do Estado do Paraná, se não fosse a força da Lei 15.229, determinando-os a elaborar e aprovar seus planos diretores (caso almejem o financiamento de obras com recursos oriundos de programas do governo do estado, desde que respeitado um conteúdo mínimo de critérios e produtos, conforme rege essa lei, e dentro de um determinado prazo), muitos dos pequenos municípios, inevitavelmente, não teriam iniciado esse processo de planejamento territorial e, inclusive, não teriam acesso a outras fontes de crédito. Foi, portanto, fundamental, para a aplicação do que está previsto no *Estatuto da Cidade* (lei de abrangência nacional), a promulgação da lei estadual a que nos referimos.

Não estamos, no entanto, fazendo a defesa da conceituação de sustentabilidade urbana por meio de "estratégias marqueteiras" (*citimarketing*), quando o termo "tende a se reduzir a um artifício discursivo para dar às cidades um atributo a mais para atrair capitais através da dinâmica – via de regra predatória – da competição interurbana" (Acselrad, 2004, p. 36). Sem dúvida que o *marketing* dos lugares é necessário, desde que as estratégias de crescimento não gerem mera competição de interesses, mas sim revelem a alma deste lugar, única e incomparável, a favor dele próprio, na medida do seu tempo de desenvolvimento, sem distorção da sua imagem. O que nos propomos a elucidar, a destacar, é a necessidade de valorizar o que existe de verdadeiro em

◆ ◆ ◆

* *Pragmática*: podemos aqui lhe atribuir o significado de um conjunto de considerações práticas (sobre algo), [no caso o urbanismo]. Ou, ainda, ampliando a sua abrangência, significativa, através da recorrência à acepção jurídica do termo, que teremos que é "regra ou conjunto de regras relacionadas com a prática social e jurídica, em oposição a palavras e fórmulas" (Houaiss, 2001). Nos reportamos a um esclarecimento filosófico, podemos acrescentar que a pragmática "tem a ver com a experiência (...) é uma filosofia que leva em conta a experiência em todos os sentidos" para poder ponderar e tomar como guia em nossas decisões (Ghiraldelli Junior, 2007).

relação às potencialidades de um determinado local, através das metas do plano diretor. Remetendo a fala inicial, é como se uma sociedade se olhasse num espelho plano, que não distorce.

Se um determinado município se "vende" por meio da imagem das oportunidades oferecidas ou que pretende oferecer, permite a existência de riscos de sucesso, mas também permite a existência dos riscos de fracassos, entre eles os secularmente conhecidos nas cidades brasileiras: as suas favelas. Por isso, enfatizamos que a verdadeira gestão da sustentabilidade urbana não deve ter objetivos meramente mercadológicos, mas deve sim ter como propósito eliminar possíveis gestões "maquiadas" com interesses "ocultos" que não mostram ou não se referem à potencialidade de um determinado meio urbano e, desse modo, não favorecem o desenvolvimento local sustentável.

* * *

> Mas, por outro lado, devemos negligenciar a oportunidade de uma determinada indústria instalar-se, ofertar empregos e, consequentemente, fazer um repasse tributário significativo para um determinado município? Devemos negligenciar o risco de contrair dívidas para implementar programas ou projetos, sem se ter a certeza de que os mesmos serão transformadores de uma realidade negativa? Como equacionar a vontade de "vender" a imagem de uma cidade repleta de oportunidades com a sua real necessidade de desenvolvimento, sem correr riscos dessas oportunidades fracassarem?

* * *

O que parece lógico é que todo problema de agravantes urbanos deve ser resolvido pela sua "raiz". Para que isso ocorra, o gestor responsável pelas tomadas de decisões não deve ter interesses próprios e imediatistas (que visam retorno em curto prazo) envolvidos nos projetos urbanos. Só assim, ele estará em condições de enfrentar o problema com a missão de minimizar as crises ambientais a partir do pronto atendimento das demandas sociais, econômicas e culturais que se materializam no espaço, por exemplo, em forma de ocupações irregulares, e pela demanda de serviços públicos decorrentes dessas anomalias.

Outra característica necessária para a saúde de uma gestão urbana, é a capacidade de seus administradores – aqueles que tomam as decisões – enfrentarem os problemas antes que estes assumam proporções de "crise coletiva", que é o que geralmente vemos. Ou seja, o que normalmente acontece são gestores cuja atividade é (usando a expressão popular) "apagar incêndios". O que isso significa? É o atendimento às demandas socioambientais já materializadas, por exemplo, pela necessidade de oferta de serviços, equipamentos, infraestrutura, trabalho e renda, cultura e lazer, finanças e créditos, preservação de matas ciliares etc. quando a situação já se tornou crítica, o que revela que não houve "visão" político-administrativa.

Nesse contexto, a atual crise urbana que vivenciamos é, principalmente, uma crise oriunda de um novo estado de regulação pelo qual passam as cidades, uma situação de acomodação a novas regras ainda não assimiladas pelo contexto cultural da população. Condição esta que pretende ser harmônica com "as dinâmicas de um capitalismo flexível". Podemos dizer que a crise tem como sustentáculo e incremento as "novas contradições espaciais verificadas na cidade, seja por via de processos infrapolíticos (da chamada 'violência urbana'), seja por via de processos políticos – aqueles pelos quais se vem crescentemente denunciando e resistindo à dualização funcional da cidade entre áreas ricas e relativamente mais protegidas e áreas pobres submetidas a todo tipo de risco urbano" (Acselrad, 2004, p. 35).

A questão está na percepção e na prática da sustentabilidade urbana, sem abrir mão das diversidades próprias das relações contraditórias existentes nas cidades. Esta sustentabilidade também imprime a identidade do local, do município. Assim, "A busca de cidades 'sustentáveis', inscritas no 'metabolismo de fluxos e ciclos de matéria-energia, simbiótica e holística' remete, por certo, à pretensão de se promover uma conexão gestionária do que é, antes de tudo, fratura política," (Acselrad, 2004, p. 35) pois a insustentabilidade urbana ou a falta de gestão das cidades permite tornar público os diversos problemas decorrentes, entre muitos, as favelas.

✦ ✦ ✦

> Diante disso, algumas questões finais se apresentam: é possível considerar as favelas como uma unidade de medida da incapacidade de equilibrarmos os problemas socioeconômicos, culturais, políticos e espaciais de um município? tem o plano diretor condições de atuar no sentido de fazer o enfrentamento de tal situação?

✦ ✦ ✦

Esta obra, justamente, traz o conceito de sustentabilidade urbana ou desenvolvimento local sustentável sob a luz da existência das favelas, do risco que significam aos organismos nos quais estão inseridas e da possibilidade dos gestores anteciparem-se a esses problemas, minimizando os fatores desse risco. O que é viável se, para entendermos as favelas, buscarmos a etiologia desse resultado processual, ou seja, as suas causas determinantes. Outrossim, para iniciar esse entendimento é preciso perceber e compreender as cidades como um sistema ambiental urbano, aberto a novos conhecimentos, e capazes de reagirem aos estímulos saudáveis.

✦ ✦ ✦

Considerações finais

Enfim, qual qualidade de vida a sociedade, como um todo, almeja?

Bem que poderíamos ter iniciado esta obra com tal indagação. E de fato essa busca está presente em todo o percurso do texto, nas análises, nas explanações, nas alternativas aventadas na tentativa de uma desmistificação das concepções ortodoxas que apenas consideram o efeito final do problema dos "assentamentos desassistidos" (a estrutura arquitetônica, a favela). No entanto tal busca não se esgota enquanto uma possibilidade ou talvez fosse melhor dizermos ela se mantém viva enquanto necessidade de uma reflexão contínua, ininterrupta. Esta é a proposta da presente obra, não um findar em si mesma, mas abrir (uma heterodoxia permanente) inúmeras discussões. Abrir, as janelas, as perspectivas, as possibilidades para os mais diversos olhares, para as possibilidades infindas de soluções e novas interações entre as teorias, as estatísticas e a realidade humana visível e invisível (seu lado objetivo e subjetivo) do desenho urbano, principalmente considerando as implicações despropositadas e descabidas do processo de favelização.

É necessário que se olhe com olhos de ver, de ver em profundidade; que se ouça com ouvidos de compreender; que se "arregace as mangas" com mãos limpas de interesses escusos ou conceitos ortodoxos, mas dispostas a se calejarem do esforço pela inclusão, pelo redimensionamento do desenho urbano em suas dimensões sociais, políticas e culturais-ideológicas.

✦ ✦ ✦

Posfácio

As preocupações do arquiteto Carlos Nigro convergem para o atendimento de um estudo analítico das áreas urbanas, sob o foco da ecologia humana voltada principalmente às áreas "naturais".

Evidencia que as localizações dessas áreas passam a não serem feitas através de uma simples sinalização de pontos em um mapa, mas locados em função de lugares de frequência, aparição ou existência de diversos fenômenos sociais que as definam.

Implicam na idéia de área como um espaço em que lhe são atribuídos condicionamentos de homogeneidade interna e de diferenciação externa, aos quais o autor procura conduzir suas preocupações, no sentido de que os condicionamentos (que envolvem principalmente a limitação do espaço), as descrições e as análises de suas características internas, o estudo de suas relações com as outras áreas e o exame da influência da inércia histórica em suas características contemporâneas sejam alicerçados sob bases científicas.

Quando a percepção do urbanista Nigro evidencia a "favela" como símbolo da "insustentabilidade urbana", tal qual um "desvio programático", equiparando-a a uma formação doentia da célula em um organismo vivo, socorre-se da antropologia urbana em suas preocupações de estudar a adaptação de migrantes ao meio urbano, como também da sociologia que pauta suas investigações, na origem, no desenvolvimento e no funcionamento de todos os tipos de estruturas sociais, passando a constituir valioso instrumento de análise.

O autor postula que os estudos envolvendo não só problemas urbanos, mas prioritariamente aqueles determinantes destes "desvios programáticos" e que têm na favela a sua principal resultante, devam ser realizados sob bases científicas, isto é, fundamentando suas decisões nas estatísticas informativas e "algebrizadas" e, através de matemáticas insólitas, configurando índices de avaliação comparativa do "antes e do depois". O tema resultante desta programação além de relevante é desafiador.

Essa programação desafiante nos faz reportar ao roteiro seguido pelo engenheiro Ildefonso Cerdà Sunyer, em seu projeto do *Reforma y Ensanche de Barcelona* que, muito mais que projeto, constitui uma extensa e racional demonstração dos princípios de saneamento urbano, de ordenamento dos fluxos viários, da composição e harmonia da paisagem, do ordenamento das vizinhanças, de um adequado equacionamento dos usos dos solos, de relevantes preocupações habitacionais e da qualidade de vida, inclusive dos "obreros". Esse roteiro marca o início do urbanismo como ciência, não só pelos métodos adotados na temática das pertinências dos problemas urbanos, como também por suas interações.

A comprovação da genialidade das soluções urbanísticas propostas por esse engenheiro espanhol está em que elas permanecem praticamente inalteradas há 200 anos.

O arquiteto Nigro procura resgatar as técnicas metodológicas utilizadas por Cerdá, as quais infelizmente foram relegadas a um segundo plano, na maioria dos atuais projetos urbanísticos brasileiros.

A proposição do "enquadramento" do projeto, alicerçando-o cientificamente, a fim de proporcionar aos seus administradores instrumentos de gestão que os levem a um desenvolvimento sustentável, instrumentos estes que decorrem de informações estatísticas pertinentes às áreas e a uma estrutura de apoio, constituída por profissionais ligados à sociologia, antropologia, às ciências médicas, ao urbanismo, à economia, à ecologia, aos diversos ramos da engenharia, como a civil, a de transporte, a de produção e distribuição de energia elétrica, a de saneamento, a de comunicação, da geologia, da agronomia e tantos outros profissionais correlacionados ao posicionamento regional da área objeto. Com isso certamente será conferido ao projeto um índice de acertos bastante elevado, em decorrência do conhecimento do potencial e das perspectivas da área disponibilizada.

A criação de uma equipe de apoio pluridisciplinar certamente invocará críticas pela soma de trabalhos necessários para um analítico conhecimento dos problemas urbanos, preocupação que nos leva, primeiramente a uma indagação: PODE ALGUM TÉCNICO ELABORAR UM PROJETO SEM O PLENO CONHECIMENTO DAS "COISAS" QUE INTERAGINDO ENTRE SI PROMOVEM O PROJETO? Em seguida, a meditação sobre a afirmação de Sêneca: *"non è perché lê cose sono difficili che noi non osiamo; è perché non osiamo che esse sono difficili".*

Ao arquiteto Nigro, meu muito obrigado por permitir a inserção das minhas observações em seu valioso trabalho e os meus parabéns pelas informações e conclusões contidas em seu texto, pois as suas proposições conclusivas, firmadas sob critérios básicos para uma ANÁLISE DE RISCO DE FAVELIZAÇÃO, constituem-se efetivamente um ponto referencial de real importância.

Roberto Brandão*

✦ ✦ ✦

* Engenheiro civil com larga experiência em serviços de ocupação territorial no Estado do Paraná. Recentemente atuou como consultor do Programa das Nações Unidas para o Desenvolvimento (PNUD). Prestou assessoria a empresas privadas de colonização no Estado do Paraná e em outra regiões do Brasil, bem como no exterior.

✦ ✦ ✦

Referências

ASSOCIAÇÃO BRASILEIRA DE NORMAS TÉCNICAS. *Responsabilidade Social.* Projeto de Norma 00:001.55-001. Rio de Janeiro, 2004.

ACSELRAD, H. Desregulamentação, Contradições Espaciais e Sustentabilidade Urbana. *Revista Paranaense de Desenvolvimento,* n. 107, p. 25-39, jul./dez. 2004. Disponível em: <http://www.ipardes.gov.br/pdf/revista_pr/107/henri.pdf>. Acesso em: 09 jan 2007.

ARANTES, O. B. F. *O lugar da arquitetura depois dos modernos.* São Paulo: Edusp, 1995.

ASSUNÇÃO, L. *Análise Preliminar de Riscos.* Curitiba: TopTrends, 2004. (Notas de aulas).

BARRIOS, S. A produção do espaço. In: SOUZA, M.; SANTOS, M. (Org.). *A construção do espaço.* São Paulo: Nobel, 1986.

BARROS, P. Desenhando cidades na era dos vôos econômicos. *Arquitextos,* São Paulo, n. 46, mar. 2004. Disponível em: <http://www.vitruvius.com.br/arquitextos/arq000/esp224.asp>. Acesso em: jul. 2007.

BOFF, L. *A águia e a galinha:* uma metáfora da condição humana. Rio de Janeiro: Vozes, 1997.

BONDUKI, N. *Cartilha de formação sobre o Plano Diretor Estratégico.* São Paulo: Câmara Municipal de São Paulo, 2003.

BRASIL. *Estatuto da Cidade:* guia para implementação pelos municípios e cidadãos: Lei n. 10.257, de 10 de julho de 2001, que estabelece diretrizes gerais de política urbana. 2. ed. Brasília: Câmara dos Deputados, Coordenação de Publicações, 2002.

_____. Ministérios das Cidades. *Programas Urbanos:* planejamento territorial urbano e política fundiária. Brasília, nov. 2004a. (Cadernos MCidades, 3).

_____. *Plano Diretor Participativo:* guia para elaboração pelos municípios e cidadãos. Brasília: Confea, 2004b.

BRASIL. Programa das Nações Unidas para o Desenvolvimento. *Objetivos de Desenvolvimento do Milênio.* Brasil: PNUD, 2004. Disponível em: <http://www.pnud.org.br/odm/>. Acesso em: 16 set. 2004.

CAMPBELL, D. *Delineamentos experimentais e quase-experimentais de pesquisa.* São Paulo: EDU/Edusp, 1979.

CAPRA, F. *As Conexões Ocultas:* Ciência para uma Vida Sustentável. São Paulo: Cultrix, 2002.

CAPRA, F. *A Teia da Vida:* uma nova compreensão científica dos sistemas vivos. São Paulo: Cultrix, 2006.

CASTIEL, L. Lidando com o risco na Era Midiática. In: MIRAYO, M.; MIRANDA, A. *Saúde e Ambiente Sustentável:* estreitando nós. Rio de Janeiro: Abrasco/Fio Cruz, 2002.

CONSÓRCIO PARCERIA 21. Cidades Insustentáveis. *Revista Tema,* out. 1999.

COSTA, F.; CUNHA, A. Pensar o desenvolvimento a partir do local: novo desafio para os gestores públicos. In: VERGARA, S.; CORREA, V. (Org.). *Propostas para uma gestão municipal eletiva.* Rio de Janeiro: FGV, 2003.

DAVIS, M. *Planeta Favela.* São Paulo: Boitempo, 2006.

DOWBOR, L. *A reprodução social:* propostas para uma gestão descentralizada. Petrópolis: Vozes, 1998.

_____. *Capitalismo:* novas dinâmicas, outros conceitos, 1999a. Disponível em: <http://ppbr.com/ld/capitalismo.asp>. Acesso em: 13 fev. 2004.

DOWBOR, L. *Da globalização ao poder local*: a nova hierarquia dos espaços. 1995. Disponível em: <http://dowbor.org/5espaco.asp>. Acesso em: jul. 2007.

_____. *Gestão Social e transformação da sociedade*, 1999b. Disponível em: <http://dowbor.org/8_gestaosocial.asp>. Acesso em: jul. 2007.

DUARTE, F. *Planejamento urbano*. Curitiba: Ibpex, 2007.

DURKHEIM, E. *As regras do método sociológico*. 2. ed. São Paulo: Martins Fontes, 1999.

FARIAS, A. *As tendências da arte contemporânea*: globalização e conflitos. Palestra proferida no projeto Balanço do Século XX: Paradigmas do Século XXI. Campinas: Espaço Cultural CPFL, 2003.

FERRARI, C. *Dicionário de Urbanismo*. São Paulo: Disal, 2004.

FERREIRA, A. H. *Dicionário Aurélio Eletrônico*: século XXI. Rio de Janeiro: Nova Fronteira, 1999.

FÓRUM Brasileiro de ONGs e Movimentos Sociais para o Meio Ambiente e Desenvolvimento. *Brasil 2002*: a sustentabilidade que queremos. Rio de Janeiro: Projeto Brasil Sustentável e Democrático/CUT/Fase, 2002.

FRANCO, A. A participação de poder local em processo de desenvolvimento local integrado e sustentável. In: RICO, E. M.; DEGENSZAJN, R. R. (Org.). *Gestão social*: uma questão em debate. São Paulo: Educ/IEE, 1999. p. 175-190.

FRANCO, R.; DIETERICH, H. Contribuições das ciências naturais à possibilidade de democracia. In: PETERS, A. *et al*. *Fim do capitalismo global*: o novo projeto histórico. São Paulo: Xamã, 1998. p. 75-94.

GARCIAS, C. Indicadores de Qualidade Ambiental Urbana. Simpósio sobre Indicadores Ambientais, 2., 1999, Curitiba. *Anais...* Curitiba: PUCPR/Isam, 1999.

GARCIAS, C. *et al*. *Gestão de riscos em áreas urbanas degradadas*: tecnologia social e política urbana. Curitiba: PPGTU/PUCPR, 2005. (No prelo).

GERENCIAMENTO de riscos é prioridade no meio empresarial. *Gazeta do Povo*, Curitiba, 28 mar. 2004. p. E4.

GHIRALDELLI JUNIOR, P. *Então, o que é pragmatismo?* [mensagem pessoal]. Mensagem recebida por <sreklippel2000@yahoo.com.br> em 23 jul. 2007.

GIACOMINI, M. *et al*. *Trabalho social em favela*. São Paulo: Cortez, 1983.

GIDDENS, A. *As consequências da modernidade*. São Paulo: UNESP, 1991.

INSTITUTO BRASILEIRO DE GEOGRAFIA E ESTATÍSTICA. *Indicadores de Desenvolvimento Sustentável*: Brasil 2002. Rio de Janeiro: IBGE, 2000.

INSTITUTO DE PESQUISA ECONÔMICA APLICADA. *Gestão do uso do solo e disfunções do crescimento urbano*: instrumentos de planejamento e gestão urbana. Curitiba: IPEA/USP/IPPUC, Brasília: IPEA, 2001.

IPARDES. *Agenda 21*. Curitiba: Ipardes, 2001.

JACOBI, P. Meio Ambiente urbano e sustentabilidade: alguns elementos para a reflexão. In: CAVALCANTI, C. (Org.). *Meio Ambiente, Desenvolvimento Sustentável e Políticas Públicas*. São Paulo: Cortez, Recife: Fundação Joaquim Nabuco, 1997. p. 384-390.

JACOBS, J. *Morte e vida de grandes cidades*. São Paulo: Martins Fontes, 2000.

JOHNSON, S. *Emergência*: a vida integrada de formigas, cérebros, cidades e softwares. Rio de Janeiro: Jorge Zahar, 2003.

KAUCHAKJE, S. *Gestão pública de serviços sociais*. Curitiba: Ibpex, 2007.

LIEBER, R.; LIEBER, N. O conceito de risco: Janus reinventado. In: MIRAYO, M.; MIRANDA, A. *Saúde e Ambiente Sustentável*: estreitando nós. Rio de Janeiro: Abrasco/ Fio Cruz, 2002. p.69-111.

LOJKINE, J. *O Estado Capitalista e a Questão Urbana*. São Paulo: Martins Fontes, 1997.

LONCAN, S. *Planejamento Estratégico*. Salvador: Associação dos Diplomados da Escola Superior de Guerra. Delegacia da Bahia, 2003.

MARICATO, E. *Brasil, cidades*: alternativas para a crise urbana. Petrópolis: Vozes, 2001.

MINAS GERAIS. Prefeitura de Belo Horizonte. *Programa Estrutural em Áreas de Risco*. Disponível em: <http://portal2.pbh.gov.br/pbh/index.html?id_conteudo=725&id_nivel1=-1>. Acesso em: 28 set. 2004.

MINHOTO, L.; MARTINS, C. As redes e o desenvolvimento social. *Cadernos Fundap*, n. 22, p. 81-101, 2001.

MIRAYO, M.; MIRANDA, A. *Saúde e Ambiente Sustentável*: estreitando nós. Rio de Janeiro: Abrasco/Fio Cruz, 2002.

MORIN, E. *Introdução ao pensamento complexo*. Porto Alegre: Sulina, 2006.

NIGRO, C. D. *Análise de Risco de Favelização*: Instrumento de Gestão do Desenvolvimento Local Sustentável. Dissertação (Mestrado em Gestão Urbana) – Pontifícia Universidade Católica do Paraná, 2005. Disponível em: <http://www.dominiopublico.gov.br/pesquisa/DetalheObraForm.do?select_action=&co_obra=31629>. Acesso em: 21 jun 2007.

_____. *Decodificando a Cidade*: planejamento urbano sob as luzes da semiótica. Monografia (Especialização em Gestão Técnica do Meio Urbano) - Pontifícia Universidade Católica do Paraná, 1994.

NOVAES, E. S. Antecedentes. In: Meio ambiente: Agenda 21. Disponível em: <http://www.mre.gov.br/cdbrasil/itamaraty/web/port/meioamb/agenda21/anteced/index.htm>. Acesso em: jul. 2007.

ORGANIZAÇÃO DAS NAÇÕES UNIDAS. *The Challenge of Slums*: global report on human settlements 2003. New York: United Nations Settements Programe, 2003.

PARANÁ. Lei nº 15.229, de 25 de julho de 2006. *Diário Oficial [da] República Federativa do Brasil*, Brasília, DF, 26 jul. 2006. Disponível em: <http://celepar7cta.pr.gov.br/SEEG/sumulas.nsf/319b106715f69a4b03256efc00601826/e81d272a9addc7d3832571d90048b67a?OpenDocument>. Acesso em: 01 jan. 2007.

PERES, F. Onde mora o perigo? Percepção de riscos, ambiente e saúde. In: MIRAYO, M.; MIRANDA, A. *Saúde e Ambiente Sustentável*: estreitando nós. Rio de Janeiro: Abrasco/Fio Cruz, 2002. p. 135-148.

PETERS, A. et al. *Fim do capitalismo global*: o novo projeto histórico. São Paulo: Xamã, 1998.

PETERS, A. A equivalência como base da economia global. In: et al. *Fim do capitalismo global*: o novo projeto histórico. São Paulo: Xamã, 1998. p. 17-59.

POCHMANN, M. (Org.). *Desenvolvimento, Trabalho e Solidariedade*: novos caminhos para a inclusão social. São Paulo: Cortez, 2002.

RIBEIRO, H.; VARGAS, H. Qualidade ambiental urbana: ensaio de uma definição. In: _____. (Org.). *Novos Instrumentos de Gestão Ambiental Urbana*. São Paulo: Edusp, 2001. p. 13-20.

ROLNIK, R.; NAKANO, K. *Novas questões, novos desafios*. La Plata: Fundacion Cepa, 2003.

SILVA, L. *Riscos e Incertezas*. Cascavel: Unioeste, 1999. (Apostila).

WILHEIM, J. O contexto da atual gestão social. In: RICO, E.; RAICHELIS, R. (Org.). *Gestão social*: uma questão em debate. São Paulo: Educ/IEE, 1999. p. 43-54.

Anexo

Compromissos firmados pela Agenda 21

1. Promoção do desenvolvimento sustentável por meio do comércio.
2. Estabelecimento de um apoio recíproco entre comércio e meio ambiente.
3. Oferta de recursos financeiros suficientes aos países em desenvolvimento.
4. Estímulo a políticas econômicas favoráveis ao desenvolvimento sustentável.
5. Capacitação dos pobres para a obtenção de meios de subsistência sustentáveis.
6. Exame dos padrões insustentáveis de produção e consumo.
7. Desenvolvimento de políticas e estratégias nacionais para estimular mudanças nos padrões insustentáveis de consumo.
8. Desenvolvimento e difusão de conhecimentos sobre os vínculos entre tendências e fatores demográficos e desenvolvimento sustentável.
9. Formulação de políticas nacionais integradas para meio ambiente e desenvolvimento, levando em conta tendências e fatores demográficos.
10. Implementação de programas integrados de meio ambiente e desenvolvimento no plano local, levando em conta tendências e fatores demográficos.
11. Satisfação das necessidades de atendimento primário da saúde, especialmente nas zonas rurais.
12. Controle das moléstias contagiosas.
13. Proteção dos grupos vulneráveis.
14. O desafio da saúde urbana.

15. Redução dos riscos para a saúde decorrentes da poluição e dos perigos ambientais.
16. Oferecer a todos habitação adequada.
17. Aperfeiçoar o manejo dos assentamentos humanos.
18. Promover o planejamento e o manejo sustentáveis do uso da terra.
19. Promover a existência integrada de infraestrutura ambiental: água, saneamento, drenagem e manejo de resíduos sólidos.
20. Promover sistemas sustentáveis de energia e transporte nos assentamentos humanos.
21. Promover o planejamento e o manejo dos assentamentos humanos localizados em áreas sujeitas a desastres.
22. Promover atividades sustentáveis na indústria da construção.
23. Promover o desenvolvimento dos recursos humanos e da capacitação institucional e técnica para o avanço dos assentamentos humanos.
24. Integração entre meio ambiente e desenvolvimento nos planos político, de planejamento e de manejo.
25. Criação de uma estrutura legal e regulamentadora eficaz.
26. Utilização eficaz de instrumentos econômicos e de incentivos do mercado e outros.
27. Estabelecimento de sistemas de contabilidade ambiental e econômica integrada.
28. Consideração das incertezas: aperfeiçoamento da base científica para a tomada de decisões.
29. Promoção do desenvolvimento sustentável: desenvolvimento, eficiência e consumo da energia.
30. Promoção do desenvolvimento sustentável: transportes.
31. Promoção do desenvolvimento sustentável: desenvolvimento industrial.
32. Promoção do desenvolvimento sustentável: desenvolvimento dos recursos terrestres e marinhos e uso da terra.

33. Promoção do desenvolvimento sustentável: prevenção da destruição do ozônio estratosférico.
34. Promoção do desenvolvimento sustentável: poluição atmosférica transfronteiriça.
35. Abordagem integrada do planejamento e do gerenciamento dos recursos terrestres.
36. Manutenção dos múltiplos papéis e funções de todos os tipos de florestas, terras florestais e regiões de mata.
37. Aumento da proteção, do manejo sustentável e da conservação de todas as florestas e provisão de cobertura vegetal para as áreas degradadas por meio de reabilitação, florestamento e reflorestamento, bem como de outras técnicas de reabilitação.
38. Promoção de métodos eficazes de aproveitamento e avaliação para restaurar plenamente o valor dos bens e serviços proporcionados por florestas, áreas florestais e áreas arborizadas.
39. Estabelecimento e/ou fortalecimento das capacidades de planejamento, avaliação e acompanhamento de programas, projetos e atividades da área florestal ou conexos, inclusive comércio e operações comerciais.
40. Fortalecimento da base de conhecimentos e desenvolvimento de sistemas de informação e monitoramento para regiões propensas a desertificação e seca, sem esquecer os aspectos econômicos e sociais desses ecossistemas.
41. Combate à degradação do solo por meio, *inter alia*, da intensificação das atividades de conservação do solo, florestamento e reflorestamento.
42. Desenvolvimento e fortalecimento de programas de desenvolvimento integrado para a erradicação da pobreza e a promoção de sistemas alternativos de subsistência em áreas propensas à desertificação.
43. Desenvolvimento de programas abrangentes de antidesertificação e sua integração aos planos nacionais de desenvolvimento e ao planejamento ambiental nacional.

44. Desenvolvimento de planos abrangentes de preparação para a seca e de esquemas para a mitigação dos resultados da seca, que incluam dispositivos de autoajuda para as áreas propensas à seca e preparem, programas voltados para enfrentar o problema dos refugiados ambientais.
45. Estímulo e promoção da participação popular e da educação sobre a questão do meio ambiente centradas no controle da desertificação e no manejo dos efeitos da seca.
46. Geração e fortalecimento dos conhecimentos relativos à ecologia e ao desenvolvimento sustentável dos ecossistemas das montanhas.
47. Promoção do desenvolvimento integrado das bacias hidrográficas e de meios alternativos de subsistência.
48. Revisão, planejamento e programação integrada da política agrícola, à luz do aspecto multifuncional da agricultura, em especial no que diz respeito à segurança alimentar e ao desenvolvimento sustentável.
49. Obtenção da participação popular e promoção do desenvolvimento de recursos humanos para a agricultura sustentável.
50. Melhora da produção agrícola e dos sistemas de cultivo por meio da diversificação do emprego agrícola e não agrícola e do desenvolvimento da infraestrutura.
51. Utilização dos recursos terrestres: planejamento, informação e educação.
52. Conservação e reabilitação da terra.
53. Água para a produção sustentável de alimentos e o desenvolvimento rural sustentável.
54. Conservação e utilização sustentável dos recursos genéticos vegetais para a produção de alimentos e a agricultura sustentável.
55. Conservação e utilização sustentável dos recursos genéticos animais para a agricultura sustentável.
56. Manejo e controle integrado das pragas na agricultura.

57. Nutrição sustentável das plantas para aumento da produção alimentar.
58. Diversificação da energia rural para melhora da produtividade.
59. Avaliação dos efeitos da radiação ultravioleta decorrente da degradação da camada de ozônio estratosférico sobre as plantas e animais.
60. Conservação da diversidade biológica.
61. Aumento da disponibilidade de alimentos, forragens e matérias-primas renováveis.
62. Melhoria da saúde humana.
63. Aumento da proteção do meio ambiente.
64. Aumento da segurança e desenvolvimento de mecanismos de cooperação internacional.
65. Estabelecimento de mecanismos de capacitação para o desenvolvimento e a aplicação ambientalmente saudável de biotecnologia.
66. Gerenciamento integrado e desenvolvimento sustentável das zonas costeiras, inclusive zonas econômicas exclusivas.
67. Proteção do meio ambiente marinho.
68. Uso sustentável e conservação dos recursos marinhos vivos de alto mar.
69. Uso sustentável e conservação dos recursos marinhos vivos sob jurisdição nacional.
70. Análise das incertezas críticas para o manejo do ambiente marinho e a mudança do clima.
71. Fortalecimento da cooperação e da coordenação no plano internacional, inclusive regional.
72. Desenvolvimento sustentável das pequenas ilhas.
73. Desenvolvimento e manejo integrado dos recursos hídricos.
74. Avaliação dos recursos hídricos.
75. Proteção dos recursos hídricos, da qualidade da água e dos ecossistemas aquáticos.
76. Abastecimento de água potável e saneamento.

77. Água e desenvolvimento urbano sustentável.
78. Água para produção sustentável de alimentos e desenvolvimento rural sustentável.
79. Impactos da mudança do clima sobre os recursos hídricos.
80. Expansão e aceleração da avaliação internacional dos riscos químicos.
81. Harmonização da classificação e da rotulagem dos produtos químicos.
82. Intercâmbio de informações sobre os produtos químicos tóxicos e os riscos químicos.
83. Implantação de programas de redução dos riscos.
84. Fortalecimento das capacidades e potenciais nacionais para o manejo dos produtos químicos.
85. Prevenção do tráfico internacional ilegal dos produtos tóxicos e perigosos.
86. Promover a prevenção e a redução ao mínimo dos resíduos perigosos.
87. Promover e fortalecer a capacidade institucional de manejo de resíduos perigosos.
88. Promover e fortalecer a cooperação internacional em manejo dos movimentos transfronteiriços dos resíduos perigosos.
89. Prevenir o tráfico internacional ilícito dos resíduos perigosos.
90. Redução ao mínimo dos resíduos.
91. Aumento ao máximo da reutilização e reciclagem ambientalmente saudáveis dos resíduos.
92. Promoção do depósito e tratamento ambientalmente saudáveis dos resíduos.
93. Ampliação do alcance dos serviços que se ocupam dos resíduos.
94. Promoção do manejo seguro e ambientalmente saudável dos resíduos radioativos.
95. Promoção do papel da juventude e de sua participação ativa

na proteção do meio ambiente e no fomento do desenvolvimento econômico e social.
96. A criança no desenvolvimento sustentável.
97. Promoção de uma produção mais limpa.
98. Promoção da responsabilidade empresarial.
99. Melhoria da comunicação e cooperação entre a comunidade científica e tecnológica, os responsáveis por decisões e o público.
100. Fortalecimento da base científica para o manejo sustentável.
101. Aumento do conhecimento científico.
102. Melhora da avaliação científica de longo prazo.
103. Aumento das capacidades e potenciais científicos.
104. Reorientação do ensino no sentido do desenvolvimento sustentável.
105. Aumento da consciência pública.
106. Promoção do treinamento.
107. Redução das diferenças em matéria de dados.
108. Melhoria da disponibilidade da informação.

✦ ✦ ✦

Fonte: NIGRO, C. D. *Análise de Risco de Favelização*: instrumento de gestão do desenvolvimento local sustentável. Dissertação (Mestrado em Gestão Urbana) – Pontifícia Universidade Católica do Paraná, 2005. Disponível em: <http://www.dominiopublico.gov.br/pesquisa/DetalheObraForm.do?select_action=&co_obra=31629>. Acesso em: 21 jun. 2007.

Impressão: Reproset
Março/2015